新时期高校思想政治教育工作创新与发展研究

丁威 王一然 著

北京燕山出版社

图书在版编目（CIP）数据

新时期高校思想政治教育工作创新与发展研究 / 丁威, 王一然著 . -- 北京 : 北京燕山出版社 , 2023.10

ISBN 978-7-5402-7049-0

Ⅰ . ①新… Ⅱ . ①丁… ②王… Ⅲ . ①高等学校—思想政治教育—研究—中国 Ⅳ . ① G641

中国国家版本馆 CIP 数据核字（2023）第 180094 号

新时期高校思想政治教育工作创新与发展研究

著者：丁　威　王一然
责任编辑：战文婧
封面设计：侯晓静
出版发行：北京燕山出版社有限公司
社址：北京市西城区椿树街道琉璃厂西街 20 号
邮编：100052
电话：86-10-65240430（总编室）
印刷：天津和萱印刷有限公司
成品尺寸：170 mm × 240 mm
字数：180 千字
印张：10.25
版别：2024 年 5 月第 1 版
印次：2024 年 5 月第 1 次印刷
ISBN：978-7-5402-7049-0
定价：62.00 元

作者简介

　　丁威，男，吉林省双辽市人。硕士研究生，助教。现就职于白城师范学院马克思主义学院。研究方向：思想政治教育。

　　王一然，女，吉林省吉林市人。硕士研究生，助教。现就职于白城师范学院马克思主义学院。研究方向：思想政治教育。

前　言

新时期高校思想政治教育的工作必须创新发展。近年来，我国一直重视高校思想政治教育工作的建设与指导作用，高校思想政治教育工作必须遵循社会主义核心价值观不动摇，强化网络阵地的建设，追随时代的发展步伐。

本书分为理论篇和创新发展篇两部分。第一章为"高校思想政治教育基础理论"，主要阐述了高校思想政治教育的内涵与特征、高校思想政治教育工作的主要内容、高校思想政治教育的过程与教育规律等内容。第二章为"新时期高校思想政治教育工作的挑战"，主要阐述了新时期高校思想政治教育工作环境的新变化、新时期高校思想政治教育工作的主要问题思考、新时期高校思想政治教育工作创新的必要性等内容。第三章为"理念创新发展：新时期高校思想政治教育工作的生态理念"，主要包括新时期高校思想政治教育理念综述、新时期高校思想政治教育的生态环境创建、新时期高校思想政治教育的生态实践等内容。第四章为"内容创新发展：新时期传统文化融入高校思想政治教育工作"，主要阐述了高校思想政治教育工作的创新内容、传统文化与高校思想政治教育工作的关系、传统文化融入高校思想政治教育工作的路径等内容。第五章为"方法创新发展：新时期互联网技术应用下的高校思想政治教育工作"，主要包括新时期高校思想政治教育工作方法概述、互联网与高校思想政治教育的关系、互联网环境下高校思想政治教育工作方法创新的内涵、互联网环境下高校思想政治教育工作方法创新的路径等内容。第六章为"队伍创新发展：新时期高校思想政治教育工作队伍优化"，主要包括新时期高校思想政治教育工作队伍概述、高校思想政治教育工作队伍建设优化策略、高校思想政治教育工作队伍建设优化保障机制等内容。

本书在撰写的过程中，借鉴了国内外很多相关的研究成果以及著作、期刊、论文等，在此向相关学者、专家表示诚挚的感谢。

由于本人水平有限，书中有一些内容还有待进一步深入研究和论证，在此恳切地希望各位读者朋友予以斧正。

目　录

理论篇

第一章 高校思想政治教育基础理论

高校思想政治教育基础理论具有广泛的内容。既要进行政治、法律、理想信念、道德标准教育，又要对学生进行培养，使其建立正确的人生观、世界观和价值观。本章分为高校思想政治教育的内涵与特征、高校思想政治教育工作的主要内容、高校思想政治教育的过程与教育规律三部分。

第一节 高校思想政治教育的内涵与特征

一、高校思想政治教育的内涵

（一）思想政治教育

思想政治教育是一定社会为了维护社会秩序和社会利益，有目的、有计划、有组织地运用不断完善的思想观念、政治观点、道德规范对其成员施加积极有效的影响，以引导、激励、说服的方式强化社会成员的思想认同和政治认同，使他们形成符合一定社会所要求的思想政治品德的社会实践活动。思想政治教育具有鲜明的国家性、阶级性和社会性。思想政治教育作为中国精神文明建设的首要内容，是解决社会矛盾和问题的主要途径之一。

（二）高校思想政治教育

学术界公认，思想政治教育是指社会和社会群体用一定的思想观念、政治观点和道德规范，使社会成员形成符合社会规范要求的思想意识的活动。高校思想政治教育是以大学生群体为教育培养对象的，担负着"铸魂育人"的重要功能。在新时代，我们党对大学生提出了新的要求，确立了新的路向。具体来说，当前高校思想政治教育主要包含以下几个方面。

一是思想教育，以信念教育为核心，对大学生进行中国革命建设的历史教育、党的基本知识教育等，帮助学生认识社会发展规律和国家的前途命运，使学生做出正确的价值判断和选择，成为以实现民族复兴为己任的时代新人。

二是政治教育，注重培养大学生的爱国主义精神，加深大学生对优秀历史文化和优良传统的了解，使其深刻理解爱国主义内涵，积极为社会主义现代化建设做出自己的贡献。

三是道德教育，大学时期是人的道德意识形成、发展和成熟的关键时期，要以基本道德规范为基础，对学生进行道德教育。

四是心理教育，教育学生不仅要具备专业的知识和能力，还需有良好的心理健康素质和社会适应能力，教育学生不断提高自身的心理素质和适应社会的能力。

二、高校思想政治教育的特征

（一）教育环境日益开放

我国网络事业发展迅速，与人们的工作、学习、生活密不可分。网络中的数据资源在满足社会主义现代化建设以及学生的不同信息需求的同时，也充斥着西方网络话语占据强势地位、不利于学生身心全面健康发展等问题。面对网络思想政治斗争形势，我们应高度重视数据资源在思想政治教育当中的作用，运用海量的数据资源放眼世界、开阔视野的同时也要牢牢守住意识形态的主阵地。

（二）教育对象不够成熟

高校思想政治教育工作的主体是大学生，他们处于青春期，心智不够成熟，处于成长阶段，易于接受新鲜事物，是新鲜信息和事物的追随者。网络中的一些信息对大学生的吸引力极大，大学生在自由获取有价值的信息的同时，不可避免地会受到纷繁复杂、良莠不齐的信息带来的负面影响。尤其是部分政治立场不够坚定、辨识能力较弱的大学生，在面对新奇多样、复杂混乱的信息时，会变得无所适从，轻而易举地就受到了它们的影响。长此以往，将会对其价值观的塑造带来不利影响。

（三）教育内容较为抽象

高校思想政治教育的目的是引导大学生形成正确的道德观、政治观和健康的心理等，核心是马克思主义理论。因此，思想政治教育的内容难免具有抽象性且较为深奥。高校思想政治教育工作者可以适时采用现代信息技术，运用网络上的海量数据资源，将抽象的理论生动化，把艰深的理论与鲜活的实例融合起来，增强教学内容的吸引力。

（四）指导思想的时代性

随着进入新时代，党和国家的发展也有了新的指导思想，习近平新时代中国特色社会主义思想基于历史与现实的把握，为新时代的发展明确了方向，具有崭新的时代意义。习近平新时代中国特色社会主义思想，涵盖了我们发展的方方面面，是十分系统的指导思想，因此，高校思想政治教育也应将其当作新的指导思想。新时期高校思想政治教育要结合时代发展需要，与时俱进，要切实将习近平新时代中国特色社会主义思想作为新的指导思想，科学有效地指导高校思想政治教育工作的合理进行，同时要深刻研究学习新时代新思想的深刻内涵，运用新的理论解决实践中遇到的思想政治教育方面的各种问题。

高校思想政治教育工作一直都是我们党的思想政治教育工作的前沿阵地，要时刻保持政治敏锐性，将习近平新时代中国特色社会主义思想深入落实到教育工作的方方面面，适应时代发展的新要求。

（五）意识形态的重要性

习近平总书记在党的十九大报告中指出"要牢牢把握意识形态工作领导权"，这深刻体现了新时期思想政治教育的意识形态性的重要性，为高校思想政治教育工作提出了新要求，指明了新方向。新时代更加注重意识形态教育，高校作为大学生思想政治教育工作的主阵地，应充分利用思想政治教育这一有效手段来向大学生传播主流意识，不断通过理想信念教育、社会主义核心价值观教育、总体国家安全观教育等来提升大学生的价值观念，使主流意识形态真正做到入脑、入心，引导大学生形成正确的价值观、人生观、世界观，使这些正确的价值观念能够体现在每一位大学生日后的行动上，进而真正成为一名合格的社会主义接班人。

第二节　高校思想政治教育工作的主要内容

一、思想教育

我国大学生的思想教育应包括以下内容：世界观、人生观和价值观教育，集体主义与团队精神教育，社会主义核心价值观教育，生态文明教育，等等。受篇幅所限，在此只对社会主义核心价值观教育和生态文明教育展开论述。

（一）社会主义核心价值观教育

1.社会主义核心价值观教育的内涵

（1）价值

价值的提出最早出现在经济学领域，后来渐渐延伸到其他领域。在此所谈到的价值并不是经济学所谈到的商品的价值，而是指哲学领域的价值。从马克思的论述中，我们可以知道"'价值'这个普遍的概念是从人们对待他们与满足他们需要的外界物的关系中产生的"。这就可以表明，价值不是一种能够看得见、摸得着的实体，而是一种特殊的关系。

价值的形成需要同时具备以下两个基本的构成条件。

一方面，主体产生了某种需求，并且要通过客体来满足自己的这种需求。

另一方面，客体具备了某种属性，这种属性恰好就可以满足主体的需要。人们经过长期的实践，会对客观事物产生这样或那样的基本认知。在认知的基础上，随着实践的深入，人们就会逐渐形成关于事物价值的初步看法。当一个事物满足了人的某种需求，就被视为是有价值的；它能够满足需求的程度越高，就被认为价值越大。一定的认知是价值观产生的前提和基础，而价值观形成后又会对认知产生影响。

（2）价值观

价值观是人们围绕事物价值产生的一切观点和看法的总和，是社会成员在生活中形成的关于区分是非、善恶、美丑、荣辱的观点和看法，是关于人们追求什么、避免什么的规范性见解，是关于社会提倡什么、禁止什么的总体性思路。简单来说，价值观就是人们关于价值的观点和看法。我们怎样判断一个事物是否有价值，我们怎样衡量某个事物的价值大小，我们做出判断的依据等都属于价值观。它既可以表现为价值目标，也就是人在实现价值的过程中所确定的价值取向；还可以表现为价值尺度，成为人们心中评价事物的一把尺子。

从微观角度说，价值观是个体心中较为稳定的理想和信仰，是人们进行价值判断和价值选择的衡量标准。从宏观角度说，价值观是社会文化在精神层面的表现，彰显出这个社会的整体风气。

（3）价值观教育

何为价值观，何为价值观教育，厘清二者的概念是传统高校首先要解决的基本问题。价值观与价值观念二者没有区别，价值观是一种价值意识，是对社会存在的一种客观反映，是人们对物质和精神世界的判断、认同与选择，也是人们对认定和辨别事物的认知与态度。"教育"作为传授知识与思维的桥梁，是提升技能、影响情感态度和价值选择的途径，价值观教育就是将当前国家和社会所提倡的价值观念，有目的地灌输给全体社会成员的活动。价值观教育形式多样、内容丰富，尤其西方的一些优秀的价值观教育方法是值得我们学习的，例如，西方通过道德认知、价值观澄清以及社会行动等教育方法对国民展开价值观教育，使西方国家的国民能够自愿、全面地了解和认同国家所倡导的价值观念。

所以，高校开展价值观教育，要掌握好教育方法，对受教育者有目的、有计划地进行知识技能、思想品德的传授，将其培养成国家和社会所需要、所认可的人。

（4）社会主义核心价值观

每一个社会都有不同层次、不同方面的价值观，其中有主流也有支流。在社会主义社会中，被大众倡导和呼吁的价值观就是我们所说的社会主义核心价值观。它自形成之时起，就会对人们起到较为持久的驱动和导向作用。因此，社会主义核心价值观会影响人们的思想方法与行为方式。在具体实践中会外在地表现为社会共同秉持的立场、观点和态度，在个人心中会内在地表现为理想、信念、信仰等精神力量。从诞生来看，它是伴随着社会的发展逐步成熟起来的。从地位来看，它是社会主义价值体系中最基础、最核心的部分。从作用来看，它从深层次影响着人们的言行举止，指引着人们的各类实践活动。

（5）社会主义核心价值观教育

社会主义核心价值观教育，就是通过理论和实践的教育方法，将其灌输给全体社会成员的一种人的活动，以达到引领社会思潮、统一价值共识的目标。

一方面，从广义的角度来说，社会主义核心价值观教育就是指一定的社会阶级、政党有目的、有组织、有计划地面向全体社会成员，开展符合新时代中国特色社会主义发展要求的有关价值目标、价值取向和价值追求的教育活动，以引导人们树立正确的思维与行为方式。

另一方面，从狭义的角度来说，学校作为开启学生心灵智慧的"钥匙"，肩负着向国家和社会输送人才的重任，对其进行教育意义重大。高校社会主义核心价值观教育是教育主体用社会主义核心价值观的基本内容及其价值准则对学生进行教育，使其形成满足社会所要求的价值目标、价值取向与价值标准的一种教育活动。

社会主义核心价值观教育不仅遵循了科学社会主义发展规律，又符合我国社会发展的实际情况和时代特征，同时还包括以理想信念为核心的教育目标，体现了全体社会成员共同的价值追求。

2.社会主义核心价值观的功能

社会主义核心价值观具有导向功能、凝聚功能。

（1）导向功能

社会主义核心价值观作为人们日常生活中的价值准则，通过教育的方式让人们所接受与践行，发挥导向功能，在人们进行行为选择与判断时提供价值导向，在人们面对是非对错时提供价值指南。由于大学生文化背景的差异性，其思想观念和行为选择各异，这就需要用社会主义核心价值观引领大学生的思想意识和行为习惯，引导其成为社会所需要的人，助力于提高辨别是非的能力。

（2）凝聚功能

社会主义核心价值观凝结了全国各族人民共同的价值共识，是维护祖国统一、促进民族团结、凝聚力量的思想基础。高校要发挥其凝聚作用，做好对各民族大学生的引导工作，将其培养成推动地区经济、社会不断向前发展的核心力量，增强大学生的"五个认同"和"四个自信"，为坚定中国特色社会主义共同理想凝心聚力。与此同时，发挥社会主义核心价值观的凝聚作用，还能够强化中华民族共同体意识，使各民族紧密团结起来，坚决同破坏祖国统一和危害民族团结的敌对势力作斗争。

3.社会主义核心价值观的整合功能

随着国内外各种社会思潮的涌入与碰撞，在我国出现了多元化的价值观念，影响了我国核心价值观的构建与培育，社会系统难以正常运转，而社会主义核心价值观教育作为整合社会意识、促进社会和谐发展的重要途径，必须发挥其整合功能。特别是在我国民族众多和多元文化的背景下，大学生的思想动态与价值取向是高校开展社会主义核心价值观教育所关注的重点，社会主义核心价值观教育理应发挥其整合功能，整合各民族大学生多元的价值观念，协调好各民族之间的关系。

（二）生态文明教育

1.生态文明教育的内涵

（1）生态文明

可以将"生态文明"拆分成"生态"与"文明"两个词语进行具体分析。"生态"一词源于古希腊字，意思是指家或者我们的环境。随着人类的进步和社会的发展，在生态与人类之间的相互影响中，人们对生态的认知愈加深刻。"文明"是人类生存发展过程中沉淀下来的成果，是人类在客观世界存在的记录。

从上述对"生态"与"文明"两词的解释来看，"生态文明"是继工业文明之后的新文明形态。生态文明是一种人与自然、社会和谐共处的新型社会形态，这种新型的社会形态主要呈现出良性循环发展、可持续发展和全面发展的形态，是人类遵照自然、人类、社会发展的客观规律办事的社会状态以及取得的成果的总和。这个定义揭示了生态文明的本质是用顺应时代发展的生态绿色理念替代工业时代大生产的趋利意识。

同时，生态文明具有独立性，是继工业文明后的一个新的文明形态，它独立于物质文明、精神文明等。生态文明也具有整体性，是指将人置于整个自然生态系统中，将人、自然、社会统统纳入调整的范畴之内，做到自然、人、社会三者之间和谐共生。

（2）生态文明教育

到目前为止，学界对生态文明教育的界定还不是很清晰，没有形成权威的生态文明教育概念，与其相似的概念还有"生态教育""生态文明观教育"等。下面将简要介绍上述三个概念，由此来更好地理解生态文明教育。

①生态教育。生态教育的一系列教育实践都是围绕生态学的专业知识展开的，它更注重的是生态专业科学知识的教育。生态教育的目的在于通过对教育对象进行生态专业科学知识的教育，使得教育对象对我国目前严峻的生态环境形势有更专业和更具体的了解，从对科学数据的观察中产生保护自然的生态意识和道德情怀，在实践行为上也自觉遵守自然发展的规律，时刻谨记保护自然环境是每个人的义务与职责，养成良好的生态习惯和行动能力。

②生态文明教育。学界大体上从教育实践活动和学科教育两个层面进行界定。大多数学者认为，生态文明教育是社会活动或者教育实践活动，以科学发展观为指导，旨在实现人与自然和谐共生、促进受教育者全面发展。

③生态文明观教育。在学界中，对于生态文明观教育的研究大多针对大学生的生态文明观教育。有学者认为，生态文明观教育就是将生态文明理念的内容作为教育内容传授给大学生；或者将生态文明观进行具体的观念分类，将这些生态文明观念类别以教育内容的形式全面传授给大学生，例如，生态文明法治观、生态文明道德观、生态文明消费观等。

综上所述，可以看出三个概念最终的目标方向是一致的，但具体教育内容的侧重点不同。生态教育以生态专业科学知识为主要的教育内容；生态文明教育更突出明确的价值导向；生态文明观教育更注重对个人的意识和观念等主观层面的教育。

（3）大学生生态文明教育

大学生生态文明教育是指教育者依照我国社会主义生态文明建设的要求，采取有针对性的教育途径和丰富的教育模式，明确大学生生态文明教育的教育目的，向着目标有规划地整合多个教育主体，有针对性地对大学生进行多种形式的生态文明教育。这些教育能够使大学生加强对自身生态行为的约束力，坚定对自然的敬畏感和保护使命。至于对大学生实施生态文明教育的手段与方式，要依据我国的教育现实和大学生的独特性来正确选择。

2. 生态文明教育的主要内容

（1）生态文明理论知识教育

生态文明理论知识教育是生态文明教育体系中的基础部分，它不仅能为大学生后期的生态行为做出合理的引导，同时也是实现生态创新的有力保障。高校要着力构建生态文明理论教育体系，积极开展理论灌输工作，引导大学生树立主动学习理论知识的积极性，最终实现由理论向实践的转变。因此，生态文明教育理论知识应当包含以下内容。

第一，生态科学理论知识。所谓生态科学理论知识是指包含物种与环境及其相互作用的理论知识体系。完善的生态科学理论体系需要包含生态系统的结构，生态系统的发展规律，生态系统的各项功能，生态系统各物种之间的循环体系、交流方式、能量传递等知识。只有生态科学理论体系设置得足够完善，理论框架构建得足够完整，才能够使大学生明确生态科学包含的基本概念和原理、了解生态系统运行的规律、把握人与自然和谐相处的方式，最终将其有效地应用于实践过程中。

第二，生态环境现状理论教育。环境现状包含两个维度的内容，其一是向学生传输自然界中的土地、生物、能源、气候等因素的现状知识，使学生掌握这些因素的质量、数量、分布情况以及重要性。其二是向学生讲授工业文明对生态环境的消极影响。引导学生进一步认识到环境恶化的现实状况，培育其忧患意识，引导大学生将生态保护诉求转变为自觉行动，形成相应的责任感与使命感，在今后的学习生活中自觉践行生态文明行为准则。

（2）生态文明实践活动教育

生态文明实践活动教育要体现深刻的理论基础和广泛的现实需求，因此生态文明实践活动教育应当包含以下内容。

第一，生态行为习惯养成教育。行为习惯养成教育具有终身性的效果，也是实践活动教育的出发点。开展行为习惯养成教育，要有针对性，应该从大学生的生活入手，从周边小事入手。首先，高校可组织学生开展生态文明文化节，通过知识竞赛、节目竞演等学生喜闻乐见的方式，将生态文明行为推广开来。其次，学校可以树立一些榜样，对相应学生予以奖励并加大宣传，将此作为动力保障，号召大学生积极践行良好的生态行为习惯。最后，高校要充分发挥大学生在行为养成中的主体作用，充分发挥大学生自我管理的优势，在校园设立文明行为志愿岗，让大学生对浪费食物、浪费水源等行为进行自我管理、自我约束。

第二，生态社会实践教育。大学生最终要面向社会，生态文明教育最终也要落脚到社会，因此推动生态文明教育融入社会实践中去，不仅有利于向社会传播生态文明理念，而且也能够以实践的维度检验生态文明教育的教育效果。首先，高校应当拓宽和社会力量合作的渠道，形成高校、社会机构、政府、企业多元合作的教育局面，建立相应的实践基地，利用寒暑假假期，由专业老师带队，带学生实地体验生态治理的过程。其次，应当定期组织学生参加生态社会实践，例如，带领大学生走进社区宣讲生态文明政策，组织志愿者协助相关部门调研生态问题等，这类活动有助于引导学生实现从受教育者向践行者的转变，进而提升教育效果。

（3）生态文明法制道德教育

高校加强法制道德教育是生态文明教育在新时代的现实呼唤。生态问题之所以成为社会发展过程中的急症是因为人们在发展过程中既缺少法制观念的警醒，又缺失道德意识的束缚。大学生作为社会建设的中坚力量，有必要对其进行法制道德教育，用以提升法治意识、增强道德认同，致力于将其打造成生态文明社会建设中有纪律、有文化、有素质的高质量综合型人才。基于此，生态文明法制道德教育应包含以下内容。

①生态文明法治教育层面。高校生态文明法治教育旨在转变大学生传统的法治教育视角，将生态因子注入传统的法治教育中去，强化学生依法治理生态环境的自信心。

第一，要进行生态法律知识教育，学校应当在相关课程中引导学生学习我国以及世界级关于生态治理的法律法规知识，例如，《中华人民共和国环境保护法》《保护臭氧层维也纳公约》等，学习这些法律知识能够使大学生在实践过程中养成知法懂法、积极守法的良好行为，借助法律维护个人乃至国家的生态利益。

第二，应当积极开展公民环境权利教育。大学生有责任维护生态法律，同时也应当明晰所具有的环境权利。例如，环境权中的"通风权""日照权""安宁权""生命健康权""污染行为检举控告权"等。此类法治教育的开展，有助于大学生在日常生活中切实保障个人应享有的环境权利。

②生态文明道德教育层面。所谓生态文明道德教育意指依照生态社会的要求及标准，对人们的行为、观念、品行等素养有组织、有计划、有目的地展开富有生态道德的教育活动。生态道德是人对人与自然关系的一种道德态度，也是新时代生态公民的道德诉求和必备素养。

开展生态文明道德教育，要做到以下几点。

第一，要将生态道德教育与思想政治教育相结合。

道德观培育是思想政治教育课堂的主要内容之一，着力将思想政治教育打造成生态文明教育的有效载体，充分利用思政课程的优势，将生态道德教育与思想政治教育有机地结合在一起，致力唤醒学生的生态保护意识。同时要充分发挥思想政治教育学科的特性，思想政治教育是一门应用型学科，具有鲜明的实践性特征。要鼓励大学生走出课堂，迈向实践，让学生在活动参与中形成生态文明道德，最终实现由道德遵循向行为习惯的转变。

第二，要强化生态道德在大学生其他课程体系中的渗透。

生态道德渗透要形成纵横双向的局面，横向上，高校应当将生态道德教育与其他各类课程相结合，打开大学生生态道德多维养成渠道，使大学生能够在接受专业教育的过程中受到生态道德潜移默化的影响。纵向上，应当加强不同时期、不同层面的渗透教育。生态道德不是一个静态的、单层次的结构体系，而是一种包括生态道德意识、生态道德情感和生态道德实践在内的存在动态变化的、多层次的有机整体。因此，要在不同的教育阶段有针对性地制定不同的渗透方式，将其连成一条线，结成一张网，使得每个阶段、每个部分的道德教育内容环环相扣，从而固化道德教育的效果。

3. 大学生生态文明教育的必要性

（1）大学生生态文明教育是时代发展的必然要求

随着过去社会城市化和工业化的迅猛发展，追求经济利益已经远远超过了维护生态利益的势头，这导致我国生态环境遭受了严重的破坏。大自然的生态修复能力已经无法承受人类对自然界带来的伤害。这给人类敲响了警钟，世界各国均采取了相应的措施来应对生态危机的影响，并且阻止生态环境的不断恶化，这标志着生态文明时代已然到来。面对生态危机，我党和国家已经意识到需要尽快弥补经济发展造成的生态失衡的漏洞。

党的十八大将生态文明建设提到了社会主义事业"五位一体"总布局的战略

高度，提出建设"美丽中国"这一战略目标。国家、社会和人民需要改变不合理的管理方式和生产生活方式并加以规范，在转变与探索的过程中找到一种人与自然和谐发展的处理尺度，与此同时将这种恰当的处理尺度维持下去。给大自然留下一个修复、恢复健康状态的时间，还自然一个健康美丽的状态，也还我国人民一个优美的生存环境。

党的十九大明确把"坚持人与自然和谐共生"作为新时代坚持和发展中国特色社会主义的基本方略之一。如今，面对我国社会的生态矛盾，根本上就是要解决人民群众需要一个优美健康的生态环境和生存环境的问题，这也是社会主义生态文明建设的目的。今后的社会主义生态文明建设需要新时代下有学识、有能力、有活力的大学生群体来引领。所以对大学生开展生态文明教育是生态文明建设的首要任务。

（2）大学生生态文明教育是构建和谐社会的前提条件

大学生是新时代下的青年群体，其生态价值取向决定着我国社会今后的生态发展走向。大学生生态文明教育遵循可持续发展的理念，以最根本的方式解决当今我国面临的生态环境问题。其致力于改变国家年轻一代人的思想观念，从根本上使大学生树立绿色生态理念。加强大学生生态文明教育，要求大学生在各个方面都要时刻坚持人与自然和谐相处的理念，最终建设成一个和谐、绿色、美丽的世界。这不仅有利于人的身心健康和全面发展，还关乎人类的未来。如今，像农药污染导致的土地贫瘠和食品安全问题、气候温差的异常变化以及人类实践活动导致的一系列自然灾害等严重威胁着人类的生命健康安全。倘若大自然失去修复能力，人类的繁衍生息必然受到严重的影响。

（3）大学生生态文明教育是提升大学生生态素养的必要措施

现如今，生态文明时代的到来意味着生态素养也成了一项衡量青年一代道德素养的标准。大学生肩负着建设社会主义现代化强国的时代重任，生态文明教育不应只停留在做表面功夫的层面上，要落到实处，要与当今的生态环境状况相联系。目前大学生生态文明教育发展的不成熟与不平衡，导致大学生无法具备合格的生态素养。接受大学生生态文明教育之后，大学生头脑里必须对生态环境有一个正确的认知，了解生态环境与人的生存发展之间的紧密关联，只有这样，才能拥有较强的生态行为能力。

直到现在我们总结发现，在人类文明发展的过程中人与自然的关系逐渐失去了原有的平衡，呈现出人过于主导，自然过于被忽视的失衡状态，所以人类不得不重新审视一下其价值观。开展大学生生态文明教育是推动大学生树立正确生态文明价值观的必经之路，高校应将大学生培养成优秀的生态文明践行者以及良好生态文明行为的推动者。

二、政治教育

政治教育的内容包括马克思主义基本理论教育、中国特色社会主义理论体系教育、爱国主义教育、党团基本知识教育、形势与政策教育。马克思主义基本理论教育是大学生政治教育最关键、最核心的内容。它紧密结合时代发展,帮助学生学习和掌握马克思主义的基本立场、观点和方法,马克思主义中国化的理论成果即毛泽东思想以及中国特色社会主义理论体系。热爱自己的国家,这是每个大学生应具备的最基本的公民意识和品质。我国当代大学生应了解中国基本国情,树立和弘扬以爱国主义为核心的团结统一、爱好和平、勤劳勇敢、自强不息的伟大民族精神。我国高校应培养共产主义事业新一代的接班人,应加强党的基本知识、共青团基本知识的教育,切实地对大学生开展形势与政策的教育,使他们了解社会主义建设的伟大成就和困难,以便认清形势,明确奋斗目标,增强前进的信心,更好地团结在党中央的周围。

三、道德教育

(一)道德、道德教育与大学生道德教育的内涵

1.道德的内涵

道德作为一种社会意识形态,起源于人类的社会生产实践,由社会存在决定。"生产劳动是道德得以起源的社会基础和决定因素",马克思在《1844年经济学哲学手稿》中认为:"宗教、家庭、国家、法、道德、科学、艺术等等,都不过是生产的一些特殊的方式,并且受生产的普遍规律的支配。"生产劳动促使了人类意识的萌发。在生产劳动过程中,个人或群体定会为了维护自身的利益而共同达成一种约定,这个约定便能有效调节人们的社会生活。人作为社会性的群体,是在与他人的交往中实现自身的价值的。生产劳动将人们联系了起来,因此,人们为了维护群体生活的和谐稳定以及自身利益的安全而制定了规范和准则,这便是道德的最初的起源。

马克思认为,社会存在决定社会意识,社会意识对社会存在具有反作用。一方面,道德的产生是由社会发展条件决定的。我国古代的道德是为了维护封建专制统治而产生的,在新时代,我国的道德是为维护中国特色社会主义的发展、实现中国梦而服务的。

另一方面,道德对社会的发展具有能动的反作用。具体表现在先进的道德观

念能够推动人们的实践行为，为社会发展提供动力；而落后的道德观念则会对社会的进步和发展形成阻碍。共产主义道德是人类历史上最先进、最高尚的道德类型，在新时代，我们要努力学习和践行共产主义道德。

2. 道德教育的内涵

道德教育一般是指教育者依据一定的道德准则和行为规范对教育对象施加一定的影响，使他们的行为符合社会道德要求的社会实践活动。道德教育就其本质来说属于社会实践活动，其中道德的内化与外化是道德教育的重点。道德属于一种社会意识形态，其主要任务是将道德准则和规范转化为个体的内在意识，以内在意识为推动力影响个体的外在道德活动，为个体的道德实践提供动力、指引方向。有学者认为道德教育中"个人美德、集体规范与社会公德是其主要的内容要点"。《新时代公民道德建设实施纲要》中则指出，目前我国道德建设要从这四个方面出发，分别是社会公德、家庭美德、职业道德和个人品德。

作为社会主义国家，我国的道德教育是为了培养人们的共产主义品质，使人们拥有较高的道德水准，从而服务于我们现有的社会制度。社会主义的道德教育能够推动社会风气的进步和改善，协助维护社会秩序的稳定，促进个人道德境界的提升，实现个体自由而全面的发展。因此，新时期的道德教育是教育主体依据时代发展特征，以社会主义道德为根本，对教育客体实施有计划、有目的、有组织的影响，从而不断提升其道德素养的实践活动。

3. 大学生道德教育的内涵

大学生道德教育在道德教育概念的基础上规定了其教育对象，是道德教育的下位概念。就字面意思来看，大学生的道德教育是指教育者按照一定的要求对大学生的思想意识以及实践施加影响，使其思想及行为符合社会发展要求的实践活动。对大学生进行道德教育的主要场所毋庸置疑是全国的各个高校，因此高校在大学生道德教育中承担着主要的责任，其次社会、家庭、社区等对大学生的道德教育也起着至关重要的作用。

道德教育是一种实践活动，进行大学生的道德教育就要将关于道德的理论灌输与促进其道德实践相结合，不断实现大学生在道德上的知行合一。步入新时代，我国对道德教育的重视程度逐步加深，关于道德教育方面的理论也趋于完善。在新时代实施大学生道德教育，就必须坚持以立德树人为根本，将社会公德、职业道德、家庭美德以及个人品德作为道德教育的主要内容，向大学生传授正确的道德观和价值观，提高其道德认知，将其培养成能够担当民族复兴大任的时代新人。

（二）道德教育的主要内容

社会公德、职业道德、家庭美德以及个人品德的教育是新时代大学生道德教育的主要内容，这四个方面的道德教育内容符合新时代社会发展的要求，符合大学生个人成长的特点。

1.社会公德教育

社会公德是人们在社会交往和公共生活中应当遵循的行为准则，是维护公共秩序和利益、实现社会和谐的基本规范，涵盖了人与人、人与社会、人与自然之间的关系。由此可见，维护社会的和谐稳定离不开对人民社会公德的培育，这也和每个人能否幸福生活，能否具有安全感、获得感息息相关。良好的社会公德能在全社会形成诚实守信、遵守规定的意识氛围，能够推动中国经济的发展。

新时代大学生社会公德教育主要包括以下几个方面的内容。

第一，文明礼貌教育。文明礼貌是人与人之间交往所需的最基本的道德素质，具体表现在与人交往时要举止文明、用语得体，在日常生活中懂得互相尊重、以礼待人、关爱他人，在公共场所注意自己的言行举止。

第二，助人为乐教育。助人为乐是一项流传千年的中华传统美德，其中包含着责任意识和奉献意识，它要求我们当身边的人遇到困难时，要及时伸出援手；在国家遇到危难时，要挺身而出。助人为乐能使我们在帮助他人的同时充盈自身的精神世界，有助于构建"我为人人，人人为我"的良好社会氛围。

第三，爱护公物的教育。爱护公物集中体现着一个人的集体意识，同样也是每个公民应该承担的法律义务和社会责任。这就要求在新时代每个人都要有爱护公物的意识，主动爱护、保护公共物品，不侵占或破坏公共物品，自觉保护交通工具、基础设施、文物建筑等。

第四，爱护环境的教育。自然界是人类赖以生存的空间，为人类社会提供了充足的生存资源，与人类是命运共同体，若做出肆意破坏自然环境的举动，将会遭到大自然的惩罚。

第五，遵纪守法教育。遵纪守法是我国公民行为规范的基本准则，是每个公民应自觉履行的基本义务。法律是保障个人利益和维护国家和社会稳定的重要武器，遵纪守法有助于推动建设社会主义法治国家。

2. 职业道德教育

我国高校在推进职业道德教育的过程中，除了对学生进行道德规范、行为操守等方面的引导和教育外，还需要提高大学生的职业道德认知，在职业道德的层面对他们进行正确的指导和约束。高校学生在学习自身专业理论知识与实操技能的同时，需要树立正确的价值观并提升职业素养，需要明确自身对未来所从事职业的态度，在工作中遵循职业规范与职业操守。

（1）以爱岗敬业为基础的职业道德情感教育

在企业实际的经营管理活动中，是否爱岗敬业体现着一名员工的基本职业操守，体现出这名员工的综合素质和专业水平。在人力资源管理范畴，员工的爱岗敬业程度是绩效管理必备的考评指标之一，"爱岗敬业"评价分数的高低，对员工绩效考核结果的优劣起着决定作用。无论处于什么行业、哪一个岗位，担任何种工作，每一名员工都需要本着爱岗敬业的工作态度，怀着饱满的工作热情和积极的工作精神完成本职工作，做好企业经营管理的一颗"螺丝钉"，共同推动企业、行业乃至整个社会的有序前行。在企业管理活动中，上级主管均对甘于付出、爱岗敬业的下属青睐有加，给予了他们更多的关注和指导，使其获得了更多的机会和平台。

在高校中，爱岗敬业同样体现在学校里的各个岗位，教师认真备课，倾心授课；教辅人员精益求精，辅助教学；后勤服务人员勤勤恳恳，服务师生，守护校园。校园里的每一个人无时无刻不在践行爱岗敬业的深刻内涵，为学生创造良好的学习环境和生活环境。校园工作者们对爱岗敬业的诠释，渗透在工作的点点滴滴中，能够很好地为在校学生起到示范引领作用，帮助大学生树立正确的价值观、人生观、就业观，使他们踏入社会后能够在企业更好地发光发热。

（2）以诚实守信为核心的职业道德规范教育

诚实守信是中华民族最重要的传统美德之一，已经成为中国人刻在骨子里的不可抹去的优秀特质。古语道"人而无信，不知其可也"；又如"自古皆有死，民无信不立"；再如"一言既出，驷马难追""轻诺必寡信，多易必多难"等。众多传承至今的名言谚语都体现了诚实守信是我国道德约束的重要内容，也说明了诚实守信在工作、生活当中的重要意义。

在生活中，我们要诚实守信，这是处事、为人、交友的基本原则。在工作中，我们要诚实守信，这是保质保量完成本职工作的重要保证。小到个人，大到国家，都要本着诚实守信的道德规范来处理各类事务。在新时期全球经济贸易和国家间的交往之中，我国始终坚持说到做到，以诚实守信的基本原则处事，树立了良好的国家形象，成为更多国家与社会组织愿意结交的朋友。随着我国综合国力的持续提升，我国将在全球事务中扮演越来越重要的角色，这就要求我们必须继续坚持诚实守信的办事原则，尊重他国，遵守规则。

（3）以勇于创新为向导的职业理念教育

我国传统的教育理念下，要求学生将教师传授的知识掌握好，重点在于听与学，是填鸭式的教育，而忽视了学生创新精神的培养，一定程度上造成了我国大学生创新精神的缺失。高校对学生创新精神的培养工作起步较晚，需要弥补的不足有很多。自我国政府提出鼓励大学生创新、创业的政策以来，双创的教育理念在高校持续推进并深化，大学生创新创业大赛、"互联网＋"大赛的组织也实实在在地营造了在校大学生参与创新创业的热潮。各高校创新创业学院的建立，为培养大学生的创新精神构建了组织机构；创新创业师资队伍的建设，为构建创新教育体系提供了人力资源保障；创新思维、创新方法、创业基础等课程的开发，为学生奠定了理论基础；大学生创新创业大赛、"互联网＋"大赛的组织以及创业园的建设为学生打造了实践的平台。政府与高校的这些举措，极大地弥补了忽视大学生创新精神培养的不足，为引导高校大学生树立勇于创新的精神起到了关键作用，显著提升了高校学生的发散性思维、主动思考分析问题的能力和水平。

3. 家庭美德教育

进行家庭美德的教育，应主要从以下几个方面进行。

第一，尊老爱幼教育。尊老，指的是尊重、爱护老人，这些老人不只包括自己年迈的父母或其他亲属，而是对全社会的老人都要尊重和关爱；爱幼，指的是关心和爱护社会上的年幼小孩。尊老爱幼不仅包括物质上的关爱，还包括精神上的呵护。老人是已经为社会做出贡献的群体，而小孩是推动社会发展的接班人，这类群体必须得到尊重和重视。在新时代必须引导全体公民养成尊老爱幼的美好品质。

第二，男女平等教育。男女平等是我国的一项基本国策，指的是男性和女性地位平等，在工作、家庭中享有同等的权利，履行同等的义务。男女平等是推动社会发展和进步的重要政策。充分尊重女性的社会地位和劳动成果、消除对女性的歧视和偏见是家庭美德教育的重要内容。

第三，夫妻和睦教育。这是家庭和睦、兴旺发达的重要因素。夫妻作为家庭关系中核心的两个成员，他们之间的关系决定着家庭未来的走向。夫妻之间要相敬如宾、互相尊重，共同承担家庭责任，在遇到挫折时互相扶持，同舟共济，努力朝着"八互"即互尊、互学、互信、互爱、互帮、互勉、互商、互谅的精神靠近。

第四，勤俭持家教育。一个家庭要变得富裕，离不开每个家庭成员的勤俭节约和努力奋斗，如果人人都没有节制地浪费，在物质上大肆挥霍，再富裕的家庭也会因此没落。将勤俭持家的观念深入每个家庭成员的心，有助于家庭的兴旺和发达。

第五，邻里互助教育。邻里互助是建设全社会道德文明环境的重要环节。俗话说"远亲不如近邻"，邻里之间相互尊重、互帮互助，是中华传统美德的重要组成部分，也是新时代家庭美德教育的重要内容。邻里之间关系的好坏，决定着整个社区关系是否融洽，整个社会是否美好和谐。

4. 个人品德教育

当代大学生个人品德教育的内容应该包含以下几个方面。

（1）爱国奉献教育

2019年1月17日习近平总书记在南开大学考察调研时讲道："爱国主义是中华民族的民族心、民族魂，培养社会主义建设者和接班人，首先要培养学生的爱国情怀。"爱国教育是思想政治教育工作的首要任务，贯穿高校的整个教育体系。在经济全球化和网络经济全球化的冲击下，大学生面临着一元意识形态主导和多元价值观涌现的矛盾，应该加强爱国主义教育，促进大学生对本民族的深刻认识和认同。此外，爱国主义教育更应该引导大学生理性爱国，减少不理性爱国情绪和行为的出现。

甘于奉献是一个知恩、感恩、报恩的过程，是将个人理想与国家理想相结合，把爱国爱党爱社会主义的深厚情感转换为实际行动，转化为敢于担当、善于担当、乐于担当的工作态度和生活热情的过程。

大学生的奉献精神教育，实质上就是引导大学生勇于担当、乐于付出、淡泊名利等。当代大学生的奉献精神教育必须与劳动实践相结合，将劳动教育纳入整个教学过程，使爱岗敬业、有责任心、勇于担当等内容在学生实践过程中内化为学生自身的职业理想和人生理想。

（2）明礼遵规教育

当代大学生具有较高的科学文化素质，对其进行明礼遵规教育不仅能促进大学生个人遵纪守法，还能促进法律法规的传播和精神的弘扬。法律是规范社会行为、维护社会秩序的强制约束手段，遵守法律规范是大学生优秀个人品德在制度层面的体现。

法律法规作为制度硬约束，对大学生的个人行为具有绝对约束力，这种外在约束能够帮助大学生分辨是非、善恶、美丑。与法律法规这种硬约束相反的是礼仪、风俗、习惯等，如孝老爱亲的传统礼仪、村规民约、家规家训等都是一种文化软约束，这种以"遵守为荣，违反为耻"的德礼风俗氛围能使大学生受到潜移默化的影响。群众性的自我教育、自我管理、自我服务能有效减少失德、败德和触碰道德底线的行为。法律是成文的道德，道德是内心的法律。

（3）勤奋求学教育

"玉不琢，不成器；人不学，不知道"，当代大学生是建设社会主义的主力军，学习是本职工作。知识是个人成才的基础，大学生应该增强学习紧迫感，刻苦钻研，使自身的思维、思想和认识水平不断提升。习近平总书记对当代大学生寄语："要勤学，下得苦功夫，求得真学问。"

勤奋、钻研和持之以恒是练就过硬本领的三大法宝，是大学生勤学品德的重要组成部分。勤学，包含学习马克思主义基本原理、学习专业知识和技能等，尤其应注重理论和实践相结合，将书本知识落实到行动上，知行合一，做实干家。从发展角度来看，勤学是敬业价值观在学生身上的早期体现，勤学、好学、乐学的精神在未来也会发展为工作岗位上的敬业、精业、乐业。

（4）诚信友善教育

国务院办公厅《关于加强个人诚信体系建设的指导意见》指出："全面加强校园诚信教育，将诚信教育作为中小学和高校学生思想品德教育的重要内容，鼓励高校开设社会信用领域相关课程。"面对纷繁复杂的社会，大学生的义利取舍问题常常与诚信问题相伴而生，部分大学生在利益的诱惑下会出现不诚信的情况，如学术诚信问题、考试诚信问题等，尤其在互联网背景下，网络的虚拟性为大学生的不诚信行为提供了"保护伞"。大学生诚信教育不仅关系到大学生在校时段的学习与生活质量，更关系到进入社会以后对社会氛围和秩序的影响。

此外，友善是个体与他人构建良好关系的前提，也是建设和谐社会的重要保障，倡导培育和践行友善精神，是促进大学生亲切友好、文明知礼，以及构建良好人际交往关系的现实途径。因此，坚持对大学生进行诚信友善教育不仅有助于提高大学生个人的品德水平，更有助于凝聚和发挥社会合力，促进构建社会主义和谐社会。

（5）自强自律教育

自强自律品德对当代大学生尤为重要，具体说来，自强是大学生战胜自我、坚持不懈的关键，而自律则是约束、规范、完善自我的手段。自强品德教育主要是激励大学生奋发向上、自信自立，也就是调动其发挥能动性、主动性，形成勤勉不懈、奋发进取的精神品质。自强品德在大学生身上具体体现为洁身自爱、自立自信、学术自勉、过错自责等。大学生个人品德的遵守践行，除了依靠他律之外，还应该依靠自律。大学生个人的主观约束意识比外在约束更具效率和效力，大学生自警自省不仅是对自己行为的反思，更重要的是它是对行为的修正，自省的过程就是提升道德修养的过程。因此，大学生个人品德教育的内容也包括引导鼓励大学生学会自警、自省和自律。

（三）道德教育的特点

步入新时代，道德教育相比以往遇到了更大的挑战。科技的进步和经济、文化等方面的发展以及世界局势的变幻莫测等，都为新时代的道德教育带来了不小的冲击。在这样的大环境下，大学生更加倾向于对精神方面的提升和追求，同时也更愿意以匿名的方式去网络世界探求真理。

因此，新时代大学生道德教育主要呈现出三个方面的特点：道德教育环境的复杂性、道德教育主体的多元性和道德教育方式的多样性。

1. 道德教育环境的复杂性

道德教育环境是指环绕并影响道德教育活动开展的一切外部因素的总和。新时代对道德教育影响较大的是社会环境和网络环境，下面将从这两个方面来分析新时代道德教育环境的复杂性。

（1）社会环境对道德教育的影响

社会环境分为物质环境和精神环境，从社会环境来看，我国的基本国情并没有发生变化。目前，我国仍旧存在经济发展不平衡、不充分的问题，由于经济发展的差异，在物资匮乏、经济落后的地区，教育资源的匮乏、师资力量的不足以及经济条件的限制，都为道德教育增加了难度。精神环境也会对道德教育的实施造成影响。从精神环境来看，改革开放以及市场经济条件下，各种政治观点、社会思潮开始侵入我国社会，对大学生产生了消极影响，在潜移默化中改变着他们的思维和行为方式。此外，近几年自然灾害的频发对大学生的心理也造成了巨大的冲击，这些将对道德教育的效果产生一定的影响。

（2）网络环境对道德教育的影响

互联网的虚拟性、开放性、互动性以及自由性特征，使网络空间内充斥着各种各样的信息，这些信息混杂在一起难免会使大学生的思想观念受到影响。此外，互联网具有传播速度快、信息量大等特征，这就决定了在网络空间每时每刻都会涌现出各种信息，导致部分学生患上"信息焦虑症"。如若没有及时地引导和教育，将对大学生的思想及心理形成误导。

2.道德教育主体的多元性

一般来说，道德教育的教育主体由教育者和受教育者组成。在传统的教育活动过程中，教育主体一般指教育教学活动中的教师和学生。而在新时代的发展下，这种传统的认知逐渐被打破，出现了道德教育主体多元化的局面。

道德教育主体的多元化首先体现在教育者的多元性上。在新时代，大学生的道德教育是各个高校的主要任务，关于道德知识的获取也不仅限于校园，社会实践、网络实践也是其获取道德知识的重要来源。尤其随着互联网的快速发展，网络生活成为大学生闲余时间的主要选择。互联网自身具备的特性，使得教育者与受教育者之间的界限受到冲击，在网络世界，任何人都有可能是道德教育的教育者，任何言语和行为都将成为意识形态教育的载体。因此，在道德教育中，除了对高校教育者进行一定的规范之外，对其他各个环境的管理和优化也不能忽视。

与此同时，受教育者的主体性和多元性逐渐增强。在新时代，信息技术的发展使得作为受教育者的大学生与教育者之间的关系发生了变化，他们之间与以往相比更加平等。如今的大学生接收的信息范围更加广泛、种类更加繁多，多样的思想和价值观念的碰撞造就了多元化的个体。另外，新时代的环境使得大学生的道德认知能力和道德实践能力增强，大学生在不断进行道德实践的过程中提高了自身的主观能动性，不再只处于受教育者的地位。

3.道德教育方式的多样性

新时代为道德教育带来了更好的发展机遇，具体体现在为道德教育提供了丰富和多样的载体。互联网的飞速发展为道德教育带来了新的教育方式，线上举办道德教育相关活动，大大节省了时间和资金成本，还能提高大学生的学习兴趣。现如今开发了大量关于线上教育的手机和电脑软件，如QQ、微信、钉钉、腾讯会议、学习强国App等。除这些之外，还有短视频App，如快手、抖音等视频软件，这些都是道德教育的良好载体，对其适当应用能有效提高道德教育的实效性。

另外，线下的道德教育方法也有了新的发展。以往的教育载体多以语言、文字为主，主要通过教育者对教育对象进行理论灌输来达到道德教育的目的，而如今的文化载体与管理载体也在道德教育中承担着重要的任务。除了学校及社团组织的校园文化活动、学校对文化建设的投入等，高校制定的各项规章制度也发挥着重要的作用，为道德教育提供了保障。

四、法治教育

高等院校法治教育是指对高等院校非法律专业的大学生进行法学基本知识和理论的教育。大学生法治教育是指高等教育者或者教育群体运用相关的法律知识、自身的法律素养以及一定的法律社会实践经验，对大学生这一特殊群体的法律观念及其法律信仰进行有计划、有目的的改善，以达到符合当今社会所要求的法律素质的一种实践活动。

五、心理健康教育

（一）心理健康与心理健康教育

1.心理健康

国内和国际学术界对如何界定心理健康一直存在异议，到目前为止也没有形成统一的定义，因此心理健康被认为是一个没有充分定义的概念。1946年，召开了第三次国际心理健康会议，各国学者讨论并提出了这个概念。心理健康具体是指一个人在不侵犯他人心理健康的情况下，发展出一个最佳的人格、智力和情感状况。

如果一个人的心理非常健康，那么这个人一定能够保持稳定的心态，他不会因为一件小事而失去对自己心态的控制，而且具有敏锐的智力，能够很好地适应社会、融入社会，能够保持快乐的态度。除此之外，心理健康是指在每个人生活的各个方面和心理活动的所有过程中都有一个良好的氛围和正常的状态。在最舒适的精神状况下，每个人都可以保持极端的人格特征、正常的智力、适度的情绪、坚强的意志、客观和适度的行为以及与环境的融合。

2.心理健康教育

心理健康教育是指以提高学生的心理素质水平为目的的教育活动。通过心理健康教育资源，学生可以不断加深自己对社会的理解，提高自己对世界的理解能力，从而不断完善自己的个人主观世界。学校的心理健康教育计划注重提升学生的心理素质。学校通过了解学生不同时期的心理状况，帮助他们克服成长过程中遇到的各种问题，增强他们的自我意志，促进他们的身心发展。

（二）心理健康教育的重要性

1.心理健康教育是高校思想政治教育工作的关键组成部分

心理健康教育属于高校思想政治教育工作的关键组成部分。之所以要实施心理健康教育，主要是为了引领学生健康成长，使其拥有积极向上的生活态度，树立正确的三观。高校在提升学生心理素质的同时，应满足学生全面发展的需求。对于学生而言，其在我国未来的发展中将发挥重要作用，由此可见，做好心理健康教育工作尤为重要。心理健康教育的顺利实施，能够使学生树立正确的价值观，具备较强的心理承受能力，并且会逐渐形成健康自信的心理，从而更好地面对学习、生活、工作中的种种问题，有助于高校思想政治教育工作的深度落实。

2.心理健康教育有利于培养出高素质人才

心理健康教育模式下，可培养出高素质人才。新时期环境下，科学技术持续发展，不健康的观念及思想也随之出现，这些思想的存在，会阻碍学生心理的发展，并且，学生还会受到家庭、就业等因素的影响，进而增加心理压力。

现阶段，我国相关部门逐渐加大了对学生心理健康问题的关注力度，要求高校将此项工作作为重点。心理健康教育的实施，能够使学生具备较强的自我调节能力，同时，在持续的正面影响下，学生会形成更加健全的人格。心理健康教育是促进学生全面发展的重要措施，高校在实际工作中，应加大对心理健康教育的重视程度，并对其进行不断优化，将心理健康教育的价值充分发挥出来。

第三节　高校思想政治教育的过程与教育规律

一、高校思想政治教育过程的含义

高校思想政治教育是一种特定的信息传播活动，是以中国特色社会主义理论体系为核心内容的价值观念的传播，是以提高大学生的思想政治素养为目的的。高校思想政治教育过程是高校思想政治教育者根据一定的社会政治思想品德要求和大学生思想政治素质形成发展的规律，有目的、有计划、有组织地对受教育者施加影响，把一定的社会思想观念、价值观念、道德规范传授给大学生的过程。高校思想政治教育过程是思想政治教育过程的一个子集，是专门针对大学生这一特殊群体所进行的。

二、高校思想政治教育过程的主客体

关于思想政治教育主客体的关系，学界普遍认同，思想政治教育过程是教育者根据一定的社会思想品德要求和受教育者思想品德形成发展的规律，对受教育者进行有目的、有计划、有组织的引导，促使受教育者产生内在的思想矛盾运动，以形成和提高其思想政治素质的过程。思想政治教育过程是教育者和受教育者共同参与的过程，思想政治教育过程的持续推进和良性运转离不开其中任何一方的参与。换言之，高校思想政治教育过程就是教育者解决一定的社会思想品德要求与受教育者已有思想政治素质水平之间矛盾的过程。这一基本矛盾的表现形式多种多样，成因复杂微妙。但这一基本矛盾决定了思想政治教育过程之主客体。

（一）教育者与受教育者是思想政治教育过程的主体

教育者与受教育者是思想政治教育过程的主体。教育者是思想政治教育过程的发起者、组织者和操作者。教育者是一定社会主流意识形态的代言者，他不是以个人的身份而是以一定社会代言人的身份出现在思想政治教育过程中，处于主导地位并发挥着主导性作用。因此，在思想政治教育过程中教育者是主导性主体。

思想政治教育过程的内化就是思想政治教育目标、内容和要求由外在的知识、理论、规范向个体内在思想领域转化的过程，是一定社会意识转化为受教育者个体意识的过程。在这一过程中，教育者是组织者，处于主导地位，受教育者是参与者，处于主动接受地位，二者相互联系、相互作用，共同推进思想政治教育过程的顺利开展，达成思想政治教育目标。思想政治教育过程的外化是指受教育者将自己的个体意识转化为外在的实际行为的过程，是由内在思想向外行为的转化。因此，从内化和外化的角度来看，受教育者是思想政治教育过程中的主动主体，既是主动接受教育的主体，又是为自己行为承担责任的主体。

（二）教育者与受教育者之思想政治素质是思想政治教育过程的客体

教育者与受教育者之思想政治素质是思想政治教育过程的客体。之所以有学者把受教育者看作客体，原因在于，如果我们把受教育者看作主体，那么，思想政治教育过程似乎就没有了客体。如有学者提出，把受教育者作为思想政治教育过程的主体而产生了一个新的问题，"思想政治教育变成只有教育者而没有教育对象的活动"。当然，也有学者为了把主体间性运用到思想政治教育学科之中，就把教育者与受教育者看作"思想政治教育的主体，是复数的主体，他们把教育资料作为共同客体，与教育资料构成'主体—客体的关系'"。

在高校思想政治教育过程中，教育者与受教育者在思想政治素质方面存在着差异。差异就是矛盾，这一差异导致了思想政治教育过程中基本矛盾的产生。换言之，教育者和受教育者就是围绕着双方在思想政治素质方面存在的矛盾来开展思想政治教育实践的。可见，高校思想政治教育过程的客体是教育者与受教育者的思想政治素质。

鉴于此，高校思想政治教育过程的主体是教育者与受教育者，客体是教育者与受教育者的思想政治素质。当然，也有学者担心，把受教育者看作思想政治教育过程的主体，会淡化教育者的主体地位。

三、高校思想政治教育的规律

（一）思想政治工作的规律

高校思想政治教育工作说到底是做人的工作，因而要主动适应新时代大学生的实际需求，教育思想要经得起实践检验，教育内容和教育方式要符合学生思想递进式成长规律，协同多方资源共同育人，利用"知情意行"和谐统一规律对学生开展教育工作。第一，适应学生迫切求知的需求。高校思想政治教育工作必须实事求是，因为理想与现实之间存在差距，师生自身的社会境遇都会影响思想政治教育工作，学生往往对学校、社会乃至人生的发展充满疑惑和顾虑。第二，适应学生被爱与尊重的需求。高校思想政治教育创新要坚持以立德树人为根本任务，根据学生的个性化特点因材施教，关心每一个青年学生的学习与成长。

（二）教书育人的规律

高校思想政治教育不同于其他学科教育，专业课程教师水平的高低不能决定学生在行业中的成就的高低，但思想政治教育者则会影响整体教育效果。因此，教育者要遵循教书育人规律，不断充实与提高自己，夯实个人基本功，提高思想政治教育效能。第一，加强个人修为。高校思想政治教育工作者要弘师德提正气，用自身行动感化学生，成为学生成长路上的引路人。第二，夯实理论基本功。不断丰富自身学识、拓宽个人视野，有信仰讲科学，不仅传授知识，还要做学生的职业导师和人生导师。

（三）学生成长的规律

随着时代的发展，个人需求在大学期间开始发生分化，理想与现实之间的矛盾不断升级，因而思想政治教育尤为重要。大学是封闭式教育转向开放式教育的起点，学生的行为不再受家长和校园的约束，更趋向自由化、自主化，部分学生关注自身的发展、渴望成功，部分学生逃避学习、畏惧进入社会。因此，高校思想政治教育要关注学生的真实想法，遵循学生成长的普遍规律。

第二章　新时期高校思想政治教育工作的挑战

高校思想政治教育工作对培育具有健全价值观的学生、具有坚定理想信念的人才以及促进高等教育的发展等都具有重要的意义。而在经济全球化、新媒体高速发展以及大数据技术出现等各种时代背景下，高校思想政治教育工作将面临新的严峻的形势，各类思想通过多种渠道渗透，影响着大学生的观念和认知，进一步增加了高校思想政治教育的难度与复杂性。本章分为新时期高校思想政治教育工作环境的新变化、新时期高校思想政治教育工作的主要问题思考、新时期高校思想政治教育工作创新的必要性三部分。

第一节　新时期高校思想政治教育工作环境的新变化

一、经济全球化时代高校思想政治教育工作环境的新变化

（一）经济全球化改变了民族国家的职能结构

经济全球化给民族国家的思维模式及运行逻辑都带来了严峻的挑战，但这并不意味着民族国家存在的基础已经被消解。经济全球化在通过经济、政治、文化等方面的共性因素加速民族国家趋同的同时，也在很大范围内造成了矛盾升级。可以说，经济全球化的加剧已经使传统的国家界限变得相当模糊。这一点不仅体现在地理层面，还涉及国家权力的削弱。很多原本在国内可以解决的问题，具有了强烈的国际主义色彩，国家权力被迫向下及国际组织等领域让渡。同时，国民的民族观念也逐渐淡化，民族认同面临危机。

国家利益是国家存在的合理性和正当性的基础。在经济全球化背景下，各国之间呈现高度的融合趋势。例如，联合国、世界卫生组织、世界经贸组织等跨国机构的存在，对民族国家施加的影响力越来越大，加之西方发达资本主义国家掌

握着话语权，包括中国在内的发展中国家受到的经济全球化冲击越来越大。如何通过有效引导，对民族性与世界性进行调和，是思想政治教育亟待解决的问题。

（二）经济全球化弱化了社会主义意识形态

经济全球化使各个国家之间的联系越发紧密，在给本民族文化提供传播机会的同时，也受到了来自不同国家文化的侵蚀。尽管在经济全球化背景下，国家的文化输出不可避免，但由此引发的多元化文化环境，对我国立足于社会主义意识形态的思想政治教育造成了强烈的冲击。因此，高校思想政治教育工作应加强"一元主导"，并对西方文化进行批判性吸收。

二、新媒体时代高校思想政治教育工作环境的新变化

（一）自媒体时代悄然来临

在新媒体信息技术的发展下，当下正处于宣传面广、信息传播速度快的自媒体时代。信息多渠道快速传播，难以做到将每一条内容都监管到位。高校应借助新媒体平台，有效强化思想政治教育的模式。随着网络技术的进步，新媒体传播的内容呈多元化趋势。大学生不仅可以浏览舆论信息，还可以发表自己的意见与评论，极大地增强了大学生的参与感与参与新闻传播的积极性。高校应推动新媒体技术与思想政治理论教育深度融合，逐步提高思想政治教育工作者的相关技能与素养。

（二）高校思想政治教育工作与新媒体的融合度不高

新媒体时代，高校思想政治教育工作的内容和形式有了新变化，这些变化给思想政治教育工作者提出了更高的要求，要求其不仅要有较高的思想政治理论水平，还要具备与新媒体网络相关的技术和能力。然而，许多高校仍然将专业理论水平、传统教学能力作为选人用人的重要标准，对新媒体技术水平及相关知识关注较少，导致新媒体技术在思想政治教育工作中的利用度不高，没有发挥好新媒体在思想政治教育工作中的优势。

目前，虽然部分高校逐渐意识到了新媒体技术在思想政治教育工作中的重要性，且已经从优化思想政治教育工作者队伍着手，招聘了一批具有一定新媒体技术能力的人才，为高校思想政治教育工作者队伍输入了新鲜血液，但思想政治教育工作内容与新媒体技术的融合还处于起步阶段，层次低、融合度不高，存在脱节现象，效果不理想。因此，高校思想政治教育工作者不仅要具备新媒体理念与技术，还需要有将思想政治教育工作内容、模式与新媒体技术完美结合的能力，

以释放出新媒体最大的育人效能。

（三）新媒体信息消解了大学生的社会认知

新媒体时代的发展，颠覆了以往的信息传播方式，通过媒介平台，大学生不断解锁海量信息，在网络的世界获取全新的体验。网络中有弘扬正能量的正义信息，也存在肤浅、片面、扭曲的信息，对于大学生来讲，其缺乏生活阅历、实际经验，对信息的辨别能力有待加强，容易受不良信息的误导。这些不良信息的传播侵蚀着大学生的思想，阻碍了大学生主流意识的形成。如何抓住新媒体带来的机遇，帮助学生躲避不良信息的误导，是目前高校面临的巨大挑战。

（四）泛娱乐化倾向弱化了思想政治教育工作的权威

作为在互联网、新媒体时代成长起来的一代，高校的学生从小就熟知并热衷于网络生活。新媒体具有信息量大、内容含量丰富、传播速度快、更新及时、搜索便捷、互动性强、感官性强、获取知识便捷等特征，这些显著优势对高校思想政治教育工作而言既是机遇又是挑战，促使高校思想政治教育工作要积极适应新媒体技术的发展。高校应将新媒体技术与思想政治教育工作进行融合对接，深层次变革传统教学模式，增强思想政治教育工作的吸引力，力求思想政治教育工作实际效果最优化。

然而，新媒体技术在思想政治教育工作实践中的运用存在着形式大于内容及与教学目标存在脱节等问题，是为了融合而融合，导致思想政治教育工作在实践中出现了泛娱乐化、网络化的问题。学生虽被新媒体多样化的形式所吸引，但思想政治教育工作应有的政治性、思想性、知识性、严肃性等有所弱化。这种"得不偿失"的新媒体技术与思想政治教育工作的融合和对接，不仅弱化了思想政治教育工作的效果与权威，还是一种低质量和低效率的融合。因此，新媒体技术与思想政治理论课的融合对接，既要发挥好新媒体的优势，又不能丢弃思想政治教育工作的传统优势，一定要巩固高校思想政治教育工作的权威地位，防止泛娱乐化倾向的出现，发挥思想政治理论课在立德树人中的作用。

三、融媒体时代高校思想政治教育工作环境的新变化

（一）高校大学生思想认识和价值认同的改变

融媒体时代下，传统填鸭式的教学模式对于新时代大学生而言，接受度逐渐下降，他们可以在各类媒体和社交平台获取学习资源，大量课余时间也被短视频

App、手游 App 和社交 App 占用，他们对网络和新媒体的依赖度越来越高。但是，高校学生正处在世界观、人生观、价值观的塑造阶段，而网络信息错综复杂，特别是一些负面的信息和舆论会对大学生的人生观造成严重的不良影响，从而形成错误的价值观。因此，在融媒体时代，高校思想政治教育工作所处的社会环境发生了复杂的变化，信息传播的渠道更加广泛，高校大学生的思想认识和价值认同难免会因社会环境的改变而与主流价值观念产生差异。

（二）高校思想政治教育工作防御体系面临严峻挑战

高校思想政治教育工作是维护我国社会主义建设的重要保障，是培养社会主义合格接班人的重要手段。在融媒体时代，一些突发的事件使得高校也时常处于舆论的主战场，而我国高校思想政治教育工作防御体系在有效应对融媒体时代的现实挑战、成功化解思想政治教育工作风险方面还存在诸多不足。高校对思想政治教育融媒体平台的管理力度有待强化，舆情监测系统及快速反应机制不够完善，网络信息监测软硬件较为落后，研判、发现、防范和应对网络舆情的能力尚需提升。特别是融媒体时代高校思想政治教育工作的专业人才队伍的业务能力、工作水平亟待提高。

四、大数据时代高校思想政治教育工作环境的新变化

（一）思想政治课程评价体系不够完善

大数据时代从根本上转变了人们的生活方式，扩展了数据信息量化的维度范围，特别是能够将人类的思维方式和逻辑行为进行量化。然而，很多高校并没有建立以大数据分析为基础的思想政治教育评价体系，在评定教学效果时教师往往根据自己以往的经验判断，这种评价方式带有较强的主观性和随意性，不能客观地、真实地反映教学效果，从长远来看，并不适合思想政治课的发展。

因此，建立以大数据分析为基础的思想政治教育评估体系就显得十分有必要，因为这种评价体系在一定程度上突破了人的主观限制，评价结果更加客观。同时，在大数据时代背景下，开展定量评估分析工作需要有海量的数据信息作为支撑，只有这样，才能以量化的形式对信息进行分析评价。目前，高校思想政治课评价体系建立过程中，一定程度上忽视了量化分析，制约了高校思想政治教育工作的开展，难以满足高校思想政治教育工作创新的时代要求。

（二）思想政治教育工作者大数据素养欠缺

当前，高校思想政治教育工作者队伍主要由思政课专任教师、专职辅导员、

团委等成员组成，各自又有着明确的分工。其中，思政课任课老师主要承担日常的思想政治教学工作，而辅导员负责学生的日常管理工作，这种管理既包括学习方面的，同时也包括日常生活方面的。面对复杂的网络环境，这些教育者不仅需要具备扎实的思想政治教育理论功底和较高的思想政治教育工作能力，还需要大数据运用能力和数据分析处理能力。但就当前的思想政治教育工作者队伍而言，大数据分析和处理的能力是明显不足的，因而在大数据时代，思想政治教育工作者大数据素养及能力的欠缺也将会限制思想教育工作的进一步发展。

思想政治教育工作者没有足够的精力分析大数据，加上技术人才的缺乏，导致大数据与思想政治教育无法真正地结合。另外，建立数据信息平台是一个跨学科的、长期的复杂工程，其运营与维护需要专业技能的支撑。因而，在大数据背景下，高校思想政治教育工作将会面临更大的困难与挑战。为此，在大数据时代，要提高思想政治教育者的大数据分析能力，只有这样，才能够更好地运用专业知识解决思想政治教育面临的现实问题。

五、人工智能时代高校思想政治教育工作环境的新变化

事物都具有两面性。就像工业化时期，工业化在极大地促进生产力发展的同时，也使贫富差距进一步扩大。这一点在人工智能时代亦是如此。在人工智能时代，高校思想政治教育工作将迎来空前的发展机遇，但人工智能技术发展的不成熟性以及教育行业本身所具有的复杂性，也给高校思想政治教育工作的创新带来了诸多挑战。

（一）海量化信息危及思想政治教育者的知识权威地位

教育者的地位与国家的政策息息相关，不同的历史时期教育者地位不同。随着我国综合国力的增强，国家针对教师行业出台了很多的政策，使得教师成为最幸福的职业。但是，由于受到一些非政治层面因素的影响，教师的地位也受到了一定的威胁。在传统的教学中，教师处于绝对的主导地位。在高校思想政治教育过程中，教师的作用在于引导、组织整个教学活动，通过知识传授、启发教育等方式来提升学生主体的思想理论水平和道德品质。但是，在人工智能时代来临的今天，学生不再受时间和空间的限制，而是能够随时随地在海量化的信息中搜集自己所需要的知识，并且进行深入的学习。遇到困惑时，部分学生不再直接询问教师，而是通过人工智能平台进行自主性学习，这样可能会使学生某一方面的能力水平超过教师。总之，在人工智能时代，学生获得知识的灵活性，使得思政课教师的知识权威地位面临严峻挑战。

（二）人工智能应用过程易产生法律和伦理危机

人工智能时代，高校渴望借助人工智能平台加快思想政治教育创新。但是，受人工智能技术性这一特征的影响，人工智能给教育领域带来深刻变革的同时，也带来了一些负面影响，比如隐私泄露、人权伦理和责任伦理问题，这引起了人们的深刻反思。

首先，隐私泄漏引起了人们对个人隐私的关注。人工智能教育平台主要是通过采集大学生的指纹、人脸、声音等生理特征来进行身份验证，同时对环境信息进行记录，未来高校思政课将变得可视化，它将对学生的课堂教学进行实时监测。智能教育平台掌握了大量的学生信息，如果对于隐私的保护不到位，就可能造成隐私数据泄露。若有不法分子利用这些行为信息，将会导致个人隐私权受到侵害。

其次，人工智能引起了对人权伦理问题的反思。在一定程度上，智能机器人将取代思想政治教育者的一些工作，并逐渐成为高校思想政治教育中不可缺少的一部分。

最后，关于人工智能的责任伦理问题。高校思想政治教育具有强烈的意识形态性，这就需要思想政治教育者具备较高的思想品德素质。

高校思想政治教育工作者应始终坚持以学生为本的理念，依据大学生的特点来有效开展思想政治教育。在这个过程中，既要着力提升大学生的思想道德素质，又要充分考虑大学生自身的不统一性和脆弱性。涉及大学生个人思想和行为的问题要进行考虑，不苛求采用统一标准对待每位同学。此外，要合理运用人工智能技术，明确人工智能虽然可以对大学生的各项数据进行有效分析，在此基础上提供有针对性的、个性化的教育，但使用不当容易引发歧视，这需要得到教育者的重视。

（三）智能驱动下思想政治教育环境更为复杂

人工智能时代为高校思想政治教育工作提供了智能化环境，但受人工智能时代智能驱动特点的影响，思想政治教育工作的环境日益变得复杂化。

由于辨别能力和社会经验缺乏，高校学生在利用人工智能软件对社会事件及国家相关政策进行了解时，其获取的信息较为片面，且这些信息是没有经过检验的。这样不利于大学生接受良好的思想政治教育，加大了高校思想政治教育工作开展的难度。

学生长期处于高校环境中，可以说，高校对大学生的影响是潜移默化的。高校思想政治教育工作者自身的智能化素养、对人工智能平台应用的程度以及思想政治教育者在人工智能平台上对学生的关注程度都会对思想政治教育产生重大的影响。此外，随着人工智能平台在高校思想政治教育工作中的应用，高校思想政治教育的空间发生了变化。思想政治教育空间不再仅仅局限于传统的课堂，而开始向人工智能平台拓展。现实空间与虚拟空间的交叉，使得思想政治教育工作环境变得更加复杂。

家长是学生的第一位教师，他们在学生的世界观、人生观、价值观形成等方面扮演着重要的角色。当家庭与人工智能产生复杂联系时，那么必然对学生产生深刻的影响。

高校思想政治教育工作者和受教育者在使用教育资源的过程时，与之进行交流沟通的对象较为复杂，不仅有高校教师、学生、上级主管部门，还有很多未知的对象。同时在这个过程中所使用的数据资源，并不完全是专家学者所提供的，部分内容可能是人们集思广益的结果，这就增强了高校思想政治教育工作环境的复杂性。

第二节　新时期高校思想政治教育工作的主要问题思考

一、高校思想政治教育对象出现的新问题

大学生作为社会中的年轻群体，对社会中的新鲜事物具有强烈的好奇心，也更愿意追逐社会中的时尚与潮流。同时，刚进入大学校园的他们正处于世界观、人生观、价值观的重要形成时期，他们思想上的免疫能力与抵抗能力较差，容易受到社会中不良思潮的影响。

（一）学习动力缺失

由于当下消费主义思潮的肆意传播，拜金主义和享乐主义这两种社会思潮的影响异常广泛。这两种社会思潮所代表的价值观和我国主流意识形态大相径庭，它们所传播的极端化的价值观让不少高校学生受害颇深。如果没有坚定的理想信念、理智的消费计划，这种极端的价值观往往会导致个人背负沉重债务、社会增加额外负重。

拜金主义认为金钱能够支配所有事物，是衡量所有其他事物价值的尺度，从而把追求金钱上的富裕作为人生理念和价值标准。享乐主义会使得人们过分追求因放纵消费、尽情玩乐带来的享乐，建立在逃避现实、自我满足的基础上，并不

是真正的快乐。受这两种社会思潮及其所代表的价值观影响的高校学生便会出现对金钱和利益的极度渴望，对享乐和享受过度追求，从而对需要吃苦、努力的学习失去兴趣。本该是知识殿堂的课堂变成苦刑场，学习课程变成旁人所强加的任务，对学习结果只期望"低分飘过"，缺乏对知识的敬畏和对学习的刻苦钻研精神。

（二）学习过程被动

完成学校要求的学习课程是大学生最基本，也是最重要的任务，但是由于受消费主义思潮所带来的炫耀、虚荣等浮夸风气的影响，部分大学生对需要脚踏实地地坚持的日常学习表现出一种厌恶情绪。大学生出现精神懈怠的状况，对本应努力钻研的学习领域提不起兴趣，日常生活中也时常萎靡不振、思想抛锚。

（三）学习目的盲目

"就业难"问题是高校大学生步入社会所要遇到的第一个困难与门槛。由于大学的人才培养和社会人才需求情况的差异，大学生"毕业即失业"的现象仍然在不断发生。"读书无用论"因此在许多大学生心中扎根，使得他们形成了读书学习和就业相割裂的价值观，学习的重要性在他们心中进一步降低。

二、高校思想政治教育工作保障体系的问题

为提升高校思想政治教育工作的针对性、实效性，完成立德树人任务，各有关部门不断出台政策和措施，保障高校思想政治教育工作的开展，取得了很多成绩，但是其中也存在一些问题，值得我们思考和反思。

（一）组织管理职责不清

高校思想政治教育工作组织管理是指高校在开展思想政治教育工作的过程中，不断完善领导机制，并在此基础上建立起系统的运作模式，使高校思想政治教育工作能够在党委统一领导下，充分调动学校组织系统内各方面的积极性。当前高校思想政治教育工作组织管理已取得重大进展，组织结构设置合理，内部人员配置合理，在高校思想政治教育工作中发挥着调动组织积极性的作用。但是，当前高校思想政治教育工作的组织管理也存在着一些矛盾，这些矛盾是不同层次的，具体表现为以下两点。

1.高校思想政治教育工作组织管理程序不清晰

高校思想政治教育工作一般是按照由上到下的组织管理程序进行的，由上级规定工作内容，再由下级部门执行，这种组织管理模式应用于高校各项工作中。

但是这种管理模式也存在一些问题，部门内部管理人员的职责划分不清晰，导致整个思想政治教育工作的流程受到影响。

2. 高校思想政治教育工作组织机构之间缺乏协同性

职责不明确导致高校思想政治教育工作组织机构之间缺乏协同性。高校思想政治教育工作涉及多个院系、部门，各组织之间可能有部分功能重合，导致组织管理效率低下。此外，各组织之间需要有效沟通，保证不同组织之间充分共享信息，尽量减少思想政治教育工作管理过程中的无用功。但是，由于程序不清晰，信息传达过程中可能会有不准确的情况，这导致组织管理难度大大增加，影响了高校思想政治教育工作的效果。

进入新时代，我国对外开放的程度不断加强，电视、网络等大众传媒对人们的影响日益加深，出现了多元文化交融、思想交锋加剧等复杂局面，这些思想、文化、交流环境的变化带来的思想文化冲突都体现出当前高校思想政治教育工作组织管理上的不足。

（二）话语表达乏味

高校思想政治教育工作话语体系是教育者与受教育者之间的理性话语表达，具有强烈的意识形态属性。在意识形态中，谁掌握了话语权，谁就掌握了主动权。高校思想政治教育工作的重要任务就是巩固高校的话语主导地位，坚定教育中的社会主义方向和价值定位。当前高校思想政治教育工作的话语表达乏味，对大学生的感染力较弱，具体表现在两个方面。

1. 高校思想政治教育工作话语体系内容滞后于时代的发展和要求

考察当前的思想政治教育工作话语内容，可以发现当前高校思想政治教育工作话语表达存在着语言不够生动、主要内容存在交叉重复等现象，不能满足当前高校大学生的学习需求，也尚未达到人才培育的要求。高校思想政治教育工作的内容与观点强调政治性和科学性，但是在话语表达上比较单一、枯燥，缺乏趣味性。具体表现为，话语体系的表达过度使用政治语言，存在着生、冷、硬等问题，与学生日常使用的话语表达差距较大，导致新时期思想政治教育工作话语体系缺乏趣味性和吸引力，甚至有些学生对这种硬灌输产生了排斥心理。

2. 高校大学生对思想政治教育工作话语持怀疑态度

传统的信息获取方式中，教育者具有权威性和垄断性，在思想政治教育工作话语权中占主导地位。然而，随着信息技术的发展，"社会信息传递由历时传递向共时传递转变"，信息传播不再是单向的，教育对象能够获取更多信息，有时甚至获取信息的速度超过了教师，这打破了原有的话语格局，高校学生开始拥有与教育者同等的话语言说机会与话语表达权力。

现代社会是一个信息化社会，人们获取信息、资料的途径不断拓宽，听到的声音也更多，导致思想政治教育工作面临话语信任危机。此外，随着互联网的迅速发展，各种碎片化信息扑面而来，大学生有时不能正确理解话语内容，导致思想政治教育工作难以顺利展开。在此背景下，新时代思想政治教育工作的话语体系不可避免地在一定程度上受到了威胁。

（三）队伍建设有待加强

教师是立教之本、兴教之源，承载着传播知识、传播思想、传播真理，塑造灵魂、塑造生命、塑造新人的时代重任。

高校思想政治教育工作者主要是以思想政治理论课教师、哲学社会科学课教师、辅导员、党务工作者等为主的队伍。但由于辅导员日常的学生管理工作繁杂，又肩负一定的教学任务，在进行思想政治教育工作时往往力不从心。调查显示，大部分学生联系辅导员只是为了办理日常事务而非进行思想交流，人生导师沦为空谈。另外，辅导员招考时一般将报考条件设置为专业不限，因此辅导员所学专业基本与现职不对口，尤其是年轻辅导员缺乏工作经验，对思想政治教育工作认识不到位，专业素质和执行效果难以达到规定要求。

（四）制度保障有待完善

制度保障是对高校思想政治教育工作的规范和定型，体现思想政治教育工作一定时期内的规则。当前我国高校思想政治教育工作制度建设不断跟进，获得了重大进展，有效促进了高校思想政治教育工作的发展。但是随着时代的发展，制度建设需要继续跟进，这样才能保证制度始终发挥积极作用，否则将起到反面作用。当前的制度保障有待完善，主要表现在两个方面。

1. 制度水平不一

制度是为了规范和管理高校思想政治教育工作，高校中的思想政治教育工作制度具有独特性，表现为学术制度、学科制度和工作制度。首先，当前高校思想政治教育学术制度虽然已取得了较大进展，但也存在一些问题，需进一步完善。整体来看，高校思想政治教育学科制度的研究成果近几年呈不断上升趋势，但是仍旧以已有的知识框架为基础，没有做出新的突破，且研究成果大多以领导人的讲话、政策文件为研究内容，因而，高校学术制度仍有较大的发展空间，需要我们进一步探索。其次，个别高校思想政治教育学科制度不完善。高校大都按照教育部门编制的培养方案进行教育，但是由于师资水平、学生水平、功利选择等因素，不同高校的思想政治教育工作效果又存在差别，学术研究能力和水平也各有不同。

2.制度运行过程不顺畅

当前高校思想政治教育工作制度在执行过程中还存在一些障碍，制度保障仍需不断完善。制度的执行需要管理人员、教师、职工、大学生等人员的参与，参与人员坚定认同制度设计、深度参与制度执行是制度运行良好的重要标志。但是在执行过程中，部分高校缺乏明确的运行规则，人员参与度较低，还存在对制度不认同的情况。这就导致高校思想政治教育工作制度的运行不顺畅。

（五）评价机制有待规范

高校思想政治教育工作需要评价机构对其进行评价。对当前工作的执行情况进行评判，这就是评价机制的功能。评价机制是反映思想政治教育工作效果的重要工具，当前评价机制的重要性日益凸显，相关的评价方法和制度不断健全，促进了思想政治教育工作的发展。但是，我国的评价机制尚在发展中，还存在一些不能科学反映高校思想政治教育工作现状的内容，需根据思想政治教育工作的变化进行更新，具体表现为以下两个方面。

第一，评价机制注重对思想政治教育工作的过程、细节进行评价，不能完全反映大学生的态度。对思想政治教育工作进行评价是为了及时发现思想政治教育工作开展过程中的问题，以便尽快做出调整，使得思想政治教育工作的实效性得以提升。然而，评价思想政治教育工作实效性的指标是大学生综合素质的变化，表现为大学生内心世界和行为的变化，而大学生的内心世界是难以评估的，导致评价结果可能存在一定的偏差。目前，高校思想政治教育工作评价机制有待规范，评价过程中的形式主义、片面性缺陷仍旧存在，评价的权威性、指导性、引导性、应用性不高，因而评价本应发挥的功能不能完全发挥出来，要构建科学、可持续的评价机制仍有很长一段路要走。

第二，在对思想政治教育工作进行评价的过程中出现了唯成绩论、唯奖项论的现象，将评价重心放在成绩和奖项等上面。评价过程中应对涉及的全部要素进行整体评估，这其中存在一些难以量化的内容，例如，对大学生心理、情感和意识观念的评价，而人的思想、情感是不断变化的，具有复杂性，这就大大增加了评价的难度。当前的思想政治教育工作评价大多关注对人的行为的评价，这就导致评价结果不准确。

三、高校思想政治教育工作面临的新困难

在当下这个社会文化复杂多样、人们思想观念变化迅速的时代，高校思想政治教育工作遇到了许多困难与阻碍。

（一）思想政治教育对象的复杂化

在20世纪90年代，我国的社会经济发展遇到了一些困难与阻力，为了促进人们消费需求的进一步发展，缓解社会人才短缺对生产力的限制，从而实现推动社会经济发展的目标，国家制定了一系列大学扩招计划。在这三十余年的教育发展推动下，我国的高等教育完成了从精英化的教育模式向面向大众的教育模式的转变。但是，高校的扩招也给高校思想政治教育带来了更大的难度和压力。扩招所带来的不仅仅是新生数量上的增加，由于成长和教育环境的差异，新生的个人素质和成分也变得更加复杂和难以辨别。高校思想政治教育工作者在教育过程中会遇到更多的问题和阻碍。学生学习习惯上的差异、素质上的参差不齐使得很多高校的思想政治教师难以制定有效的教学策略。而现在许多高校的思想政治理论课都采取大班上课的方式，难免造成教育质量和水平的下降。在学生的个体差异化日益显著的当下，教学力度不足的授课方式显然难以应对这种情况。平衡教育资源和学生教育需求的方法是当下高校思想政治教育工作亟待解决的重要问题。

（二）思想政治教育过程更加曲折

思想政治教育作为我国高校教育教学的重要组成部分，是保障大学生政治觉悟的重要手段。当代大学生的政治修养和政治觉悟是决定我国社会主义现代化建设的关键因素，同时也是判断高校思想政治教育体系是否完善的标杆。高校思想政治教育的过程是复杂而艰难的，经济社会发展情况、党和国家的大政方针、教育主体即大学生的快速变化、外部思想的冲击和侵蚀都让高校思想政治教育的过程更加曲折和艰难。

一方面，社会环境的变迁要求国家必须通过制定相关政策来保证教育理念不偏离社会总方向，高校思想政治教育工作者必须根据相关政策的不断出台来及时制定新的教育方针、修改旧的教育方针，以达到国家和社会预期的教育效果。另一方面，随着大学生自身状况的不断变化，高校也必须不断调整教育方式与教育内容，保证教育方式不落后、教育内容不过时，以确保对大学生的教育符合全面

发展的要求。

第三节　新时期高校思想政治教育工作创新的必要性

一、新时期高校思想政治教育质量提升机遇良好

目前，全国高等院校缺乏从事思想政治教育工作的优秀教师，部分高校思想政治教育课程的教师人数不达标，人才的缺失严重影响了思想政治教育队伍的建设，逐渐造成了青黄不接的现象。全国各院校专业教师年龄普遍偏大，年龄老龄化趋势明显，年轻的教师太少，造成了人才断层，也影响了后备力量的培养。本就为数不多的年轻教师课程多、担子重，个人学习时间较少，导致教学水平难以提升，从而使整体教师队伍建设工作迟滞不前，最终也会对学生的教育造成影响。所以，这就需要培养更多思想政治教育专业人才，优化整体年龄结构，减轻教师课程负担。

（一）思政教师全面掌握学生的现状和需求成为可能

根据长时间的跟踪调查发现，一部分学生对思想政治教育课程有抵触情结，感觉此类课程枯燥无味，导致了高校思想政治教育建设工作事倍功半的结果，也对专业教师改革创新教育形式的积极性和工作热情造成了影响，这也是思想政治教育遇到的突出问题之一。出现这种问题的根本原因其实并不在于学生本身，在信息化、数字化的今天，对学生影响最大的莫过于互联网，互联网的购物、娱乐、聊天等极大地改变了学生的生活形式，传统的教育形式很难再去匹配新形势下的学习方式。建设国家需要从基本国情出发，教育教学也应当联系时代进程，与时俱进，紧跟时代的步伐共同前进。高校应当从实际出发，针对各种问题去统计调查学生的建议和意见，通过大数据分析去了解学生各个方面的想法，了解学生的生活和学习。只有充分掌握学生的动态才能提出符合学生"口味"的教育教学形式，才能改变学生对思想政治教育以往的认知，从而提升思想政治教育的质量和效率。

高校教职员工的思想政治理论水平直接影响高校思想政治教育工作的整体质量，任课教师必须持续学习、打好理论基础、提高个人素质、全方面发展，只有这样，才能够更好地立德树人，将自身的优良品质和相应的思想政治教育理论的相关知识展现出来、传授下去。新时代发展背景下，我国经济社会出现了深度转

型，一些主流价值观遭到了巨大的冲击，物质主义和实用主义思想对于高校思想政治教育工作者产生了不良影响，这就导致其无法在思想政治教育工作当中发挥有效作用。另外，高校针对教职员工的考核和评定，过分追求以科研项目论文发表为基础，但是在思想政治教育理论方面没有形成相应的考核机制。高校的教育教学活动，需要引领学生主动参与到课程学习中，不能只是被动接收知识。

现阶段的高校学生，他们有个性、有想法，知识面广、学习能力强，他们会关心社会的焦点问题，也会从自己的实际出发，他们会将自己的想法发表于网络，同时也会受到网络思想的影响。所以，高校的思想政治教育要真正为学生的发展保驾护航，在充分了解学生的生活、学习的基础之上，去研究思想政治教育的教学方式，时刻掌握新形势下青年学生的动态，联系学生所讨论的社会性话题、学生周边发生的新闻，从实际出发，将理论与实践相结合，将思想政治课程的教学内容同国内国际热点新闻相结合，从而激发学生的学习兴趣，找到师生之间的"共同点"，这样才能提高思想政治教育教学质量，提升学生的学习效率。高校思想政治教育课程教师要利用大数据的支持，充分了解学生的所思所想，关键是要分析学生的话语资源，要在上课期间运用共同的话语体系去使学生更好地参与到学习中，要通过外在形式上的变革，把内在的理论输出给学生，用"共同语言"去拉近师生之间的关系，用正确的价值观去引领学生的思想。

（二）便于做出更及时、科学、有效的教育决策

把各种数据组合排列起来，然后经过综合分析得到结果的整个过程就是数据分析。良好的数据分析对于每项工作都有巨大的帮助，它能帮助人们少走弯路，少绕远路，让人们能够选取适当的方法去应对问题，所以说数据分析这项工作在自身质量管理体系方面发挥着巨大作用。这么多年以来，我国高校在采集信息方面受到很多局限，碰到了很多问题，导致采集的信息不够全面、不够及时。由于采集的信息与当下所需素材不符合，很多决策不能解决当下的问题。但是，随着社会的迅速发展，现在已经进入大数据时代，收集信息变得更加方便快捷，使得上述问题得到了良好的解决。高校思想政治教育工作者可以利用这方面的优势来解决很多问题，他们可以更加全面、快捷、方便地得到自己所需的信息材料，从而推动思想政治教育不断前进、不断发展。

只有各大高校拥有雄厚的师资力量，思想政治教育工作的开展才能有序健康地进行，同时高校师资队伍的建设也保障了思想政治教育工作的持续发展。高校思想政治教育专业教师在思想政治教育工作中承担着重要的任务，他们推动着思

想政治教育工作的发展和有效进行，他们让思想政治教育理论变为实际工作，他们为思想政治教育发展出谋划策，他们为思想政治教育的实践担负责任。高校在实践思想政治教育的过程中，要不断提升师资队伍的整体建设水平，促进思想政治教育工作的专业化和职业化，更应当注重对师资队伍的培养。高校师资队伍的持续建设，有利于对高校学生的学习、生活、成长等各个方面进行综合的把握和考量。

二、新时期高校思想政治教育质量提升要求紧迫

当代学生背负着历史的使命，需要继往开来，牢记历史和使命，为了国家的富强和民族的复兴而砥砺前行，党和国家要热切地培养新时代青年。新中国辉煌的历史成就，是每个时代的青年不懈奋斗得来的。党的十九大报告要求当代青年贯彻落实中华民族伟大复兴的中国梦，高校青年必须牢记历史，砥砺前行。所有青年的奋斗历程，是一个国家综合软实力的体现，更是让中华民族骄傲地屹立于世界优秀民族之林的保障。在这个风云变幻的时代，唯有青年可以担当起民族复兴的大任，中国特色社会主义制度也需要青年去开拓，高校思想政治教育工作的根本目的和出发点就是更好地服务于国家，服务于人民。

（一）引导大学生正确认识时代责任和历史使命

习近平总书记在党的十九大报告中曾说："中国梦是历史的、现实的，也是未来的；是我们这一代的，更是青年一代的。中华民族伟大复兴的中国梦终将在一代代青年的接力奋斗中变为现实。"中国梦是我们每个人的梦想，中华民族的复兴需要我们每一个人共同努力，大学生作为社会中的一个群体，也要勇于担当时代责任，为国家发展贡献力量。实现中国梦不能停留在口头上，而要落实到实践中去，新时期高校思想政治教育，应时代之需，应国家发展之需，教育我们大学生在实现国家飞跃式发展的阶段中勇敢地站出来，将历史使命与自身发展紧密联系在一起，肩负起时代之责。

（二）培养社会主义接班人和建设者的迫切需要

青年有着蓬勃向上的生命力，新时代的发展离不开高校的学生，他们不再是含苞待放的花骨朵儿，而是可以遮蔽一片阴凉的大树，是祖国的希望。高校学生接受着更加丰富全面的知识体系，能够成为更加专业的人才，正是我国社会主义建设所需要的。因此高校学生要能够坚持正确的政治方向，不断提高思想政治水平。高校在培养社会主义接班人的过程中要更加注重思想政治教育，考察学生的

综合素质，为国家培养德才兼备的优秀人才。

人才是社会发展的基础。人才的培养不仅仅是对于技能的提高，更要注重思想政治水准的提升，高校学生只有拥有良好的思想政治水准才能更好地推进祖国持续稳定地发展。高校只有不断完善思想政治教育体系，将思想政治教育落在实处，在方方面面完善思想政治教育，才能培养出合格的建设者与接班人。

（三）思想政治教育创新发展的要求

新时代各种思潮不断涌现，思想呈多元化，使得思想政治教育不得不跟随时代发展进行改革创新，只有不断汲取新的思想，除旧革新，才能提升思想政治教育质量。我们应紧紧跟随党的脚步，用科学理论武装头脑。

创新发展篇

第三章 理念创新发展：新时期高校思想政治教育工作的生态理论

本章分为新时期高校思想政治教育理念综述、新时期高校思想政治教育的生态系统理念、新时期高校思想政治教育的生态环境创建、新时期高校思想政治教育的生态实践四部分。

第一节 新时期高校思想政治教育理念综述

一、高校思想政治教育的基本理念

（一）"以人为本"理念

1."以人为本"相关概念界定

（1）"以人为本"的概念

"以人为本"，即把人类的生存作为根本。"以人为本"，回答了为什么发展、发展"为了谁"的问题，回答了怎样发展、发展"依靠谁"的问题。"为了谁"和"依靠谁"是分不开的，一切为了人，一切依靠人，二者的统一构成了"以人为本"的完整内容。而"以人为本"的视角即从以人为本位的价值观的角度去看待、解读现象和问题，一切都围绕促进人的全面发展。

（2）"以人为本"中"人"的概念

"以人为本"的科学内涵还需从"人"这一概念进行论述才能得到有效阐释，在哲学层面，"人"往往与神、物相勾连。西方的"以人为本"理念最早是为了消灭神性，并展开了对由苏格拉底和柏拉图奠定的西方哲学人性和神性特征的学术批判，力图清除哲学的神性，直到马克思提出"人类本质"之后才真正消灭了西方哲学中人的神性。而我国历史上的"以人为本"理念则是强调人贵于物，比如《论语》中的"天地万物，唯人为贵"，《尚书》里的"惟天地万物之母，惟人万物之灵"以及荀子说的"人之超然万物之上，而最为天下贵也"等论断，都是相对于物本理念而提出的"以人为本"理念。

（3）"以人为本"中"本"的概念

以人为本理念中"本"这一概念有两层哲学意义：一为世界的本源，可理解为我国古典哲学中的"道"；二为事物的根本，两种意义仍然是在探讨神性、人性、物性的关系。而"以人为本"的"本"并非指代"本源"，而是"根本"的意思，即"本末倒置"中的"本"一字。"以人为本"理念的"本"属于哲学价值论的范畴，摈弃了第一性与第二性的问题，认为在真实的世界中，人更值得我们关注，而非虚构的神灵或资本主义的生产物。

2."以人为本"理念的提出与发展

我国将西方国家的"以人为本主义"与中国教育实践的要求相结合，推行并衍生出了我国的"以人为本"理念，并将"以人为本"理念积极融入我国各领域中，推动了我国"以人为本"理念的发展。而事实上，我国的"以人为本"理念在很早以前就有，如西汉刘向在《管子》一书中就有"夫霸王之所始也，以人为本"的言论。此外，孟子也提出了"仁政""王道"等观点，指出了帝王要以人为本，要关心人民所需。虽然古时的"以人为本"理念与我国当下所提倡的"以人为本"理念有着一定的差异，但就其本质来说仍旧是相同的。

近代以来，结合西方国家的"以人为本主义"，我国的"以人为本"有了新的变化，我党对于"以人为本""以人为本主义"等均有着一定的研究，虽然具体的解释有着一定的不同，但从本质上来说仍旧是一致的，都强调以人为中心。

邓小平在 1978 年 9 月的北方谈话中，就强调中共中央党员需要多为人民做实事，要让人民的生活过得更好，让人民的精神面貌焕然一新。而在十一届三中全会后，党中央为了进一步保障人民的利益，让全体党员及其理念逐步走向了以人为本的道路。"三个代表"重要理念中，强调党始终要坚持人民的主体地位，党所代表的正是最广大人民的根本利益。由此，"以人为本"的理念路线也全面融入了全体党员的心中，并落实到实际中来。

在党的十六届三中全会上更是提出了"坚持以人为本，树立全面、协调、可持续的发展观"。而党的十七大指出，坚持十六届三中全会中所提出的这一观点，高举社会主义旗帜，要全面坚持以人为本，科学发展，且需要强调科学发展的核心观念就是以人为本，要能够切实维护人民的根本利益。党的十八大报告指出为人民服务是党的根本宗旨，以人为本、执政为民是检验党一切执政活动的最高标准。党的十九大报告提出，坚持以人民为中心，把人民对美好生活的向往作为奋斗目标。

（二）全面发展理念

1. 全面发展理念的内涵

（1）人的需要的全面满足

在马斯洛需求理论中，将个体与生俱来的需要按从低至高区分为五级，最底层的是基本生理需求，其是满足高层次需求的前提。社会生产力高速发展的同时，人类科技水平也得到了飞跃性的提高，这使得人对于自然界的改造能力空前增强，人的主体地位也得到了提高，个人需求意识逐步觉醒，而物质生活的丰富是个人需求得到满足的基础，也是个人需求得以实现的根本保障。个人需求层次的不断升级，是自我认知强化的过程，更是人的全面发展的过程。

（2）人的社会关系的全面丰富

从根本上来看，人是社会关系的总和，人的活动是被构建于各种社会关系的基础上的，而个体的人是无法离开社会关系而单独存在的，虽然人的发展形势可以分为集体与自我，但与他人能力进行合理高效的交互，可以帮助实现个人能力的最大化，而这种相互依赖、共同进步的过程，不仅仅促成了个人的进步，也促进了社会的发展。从人的活动本身所具有的能动性及规律性可以看出，马克思主义理论中对个人和社会发展的论证不仅在当时有着鲜活的生命力，而且也为今天社会的发展提供了科学的指导。

（3）人的能力和素质的全面提高

人本身所具有的复杂性意味着每个人的能力也是复杂多样的。智力能力、思维能力、行动能力以及现有能力等共同铸造了一个人的综合能力，马克思认为，它是人在进行生产实践活动时所运用的"体力和智力的总和"。所以，个体想要获得更好的发展，必须实现体力与智力的协调发展，以此为人的全面发展打好稳定的基础，提供坚实的保障。当然，除了体力与智力外，其他能力的发展对于人的发展来说也有着重要的作用，只有个体综合能力稳步提升，才能抓住更多机会，从而实现全面发展。

（4）人的个性的全面发展

劳动从根本上对人与动物做出了区别，动物的行动是出自本能，而人的行为则是出自需求。人在劳动中产生了语言，语言帮助人们沟通交流，促进人们认识与改造世界，人的主体地位在这些实践过程中得到了提升。个体能力的发展为个性的展现提供了更多的机会。人的全面发展的实现让社会更加和谐有序，人们的社会交往也可以呈现出超越式的文明状态。

2.全面发展理念的当代价值

人的全面发展理论是马克思在揭示资本主义社会局限性的基础上提出来的，在当时具有重要的意义。在如今的社会发展过程中，我们依然强调必须更加重视人的全面发展。

（1）对于社会发展进步具有重要意义

生产力是人类生产物质生活资料的一种能力，生产力的发展是社会进步的表现之一。人的全面发展需要借助发达的生产力，社会生产力的发展也为人的全面发展的实现提供了可能，只有社会发展到一定程度，人们才能有更多的时间去发展自己，才能更好地实现全面发展。人的全面发展的实现，离不开发达的生产力、良好的社会制度、教育事业的发展等，在这一过程中，社会的发展与人的全面发展是对等的。同时，在当今社会经济全球化背景下，各国联系日益密切，如何在顺应经济全球化发展的过程中更好地实现人的全面发展，值得思考。因此，在促进社会发展进步的同时，也要处理好其中各项复杂的关系，使我国更好地融入经济全球化的发展。总之，人的全面发展与社会的发展进步是相一致的，人的全面发展的实现也必将伴随着社会的发展进步。

（2）有利于为社会主义现代化建设培养人才

在21世纪的今天，教育水平的高低已经是评判一个国家是否强大的重要依据。习近平总书记指出："教育是民族振兴、社会进步的重要基石，是功在当代、利在千秋的德政工程，对提高人民综合素质、促进人的全面发展、增强中华民族创新创造活力、实现中华民族伟大复兴具有决定性意义。"

无论在什么时代，教育都是一个国家发展中的重中之重，具有不可替代的重要作用。人的全面发展离不开理论知识的储备，教育能够使人们获得一定的理论知识和技能，能够更好地为国家的发展培养人才。

在经济全球化背景下，各国联系日益密切，在相互合作促进各国发展的同时也存在着一定的竞争，而当今时代的国际竞争不再仅仅是经济实力的竞争，还包含经济、科技实力等多方面综合实力的竞争。科学技术是第一生产力，教育是发展生产力的基础。同时，当前我国已全面建成小康社会，实现了"十三五"规划的完美收官，开启了十四五规划，但是距离在21世纪中叶建成社会主义现代化强国的目标还有一段距离。

因此，必须坚持以人民为中心，加大教育投入，为教育事业的发展提供良好的环境，为新时代中国特色社会主义建设培养接班人，实现人的德育、智育、体育、美育、劳育全面发展。教育事业的进步与人的全面发展是密不可分的，在促进人的全面发展过程中，教育对于丰富人的理论知识和提升自身素质具有重要作用，同时对于培养社会主义现代化所需人才也具有重要意义。

（三）三全育人理念

1. "三全育人"理念的内涵

"三全育人"是改进新形势下高校育人工作、实现立德树人任务的重要举措。"三全育人"是一个完整的理念系统，由紧密联系的诸要素组成。

（1）全员育人

全员育人是指所有人员都参与育人活动。目前，国内学界对于全员育人的内涵有两种解释：广义的全员育人主体是学校、家庭、社会和学生，其主体范围较广；狭义上的全员育人主体，则特指高校全体教职员工，其主体相较而言单一，将育人主体的范围限定在高校区域。全员育人要求高校中所有部门、所有教职工都要承担育人职责，立足本职工作，在改进新形势下的高校育人工作中发挥应有作用。

（2）全过程育人

全过程育人是指所有时间段都开展育人活动。从时间维度出发，强调育人工作要覆盖高校学生成长成才的全部过程，即大学生从报到至毕业离校，从每个学期开学到结束，从课余时间、法定假日再到寒暑假期，高校都要认真对各个育人环节进行实时把控，形成一条在时间上环环相扣、贯穿始终的育人工作链条。全过程育人的理念打破了时间的束缚，更加符合教书育人规律、思想政治工作规律、学生成长规律。

（3）全方位育人

全方位育人是指在所有场合推进育人活动。从空间维度出发，强调高校要充分利用各种育人载体，主要包括学生综合测评和奖学金评比、学生团体组织、校园文化建设、党团和学风建设、社会实践等，打破空间束缚，充分挖掘并整合新载体、新场所的育人资源，利用新媒体、新技术使思想政治教育工作活起来，做到校内校外、线上线下多种育人方式的有机结合。

（4）各部分之间的联系

"三全育人"教育理念由三个要素组成，即主体要素、时间要素、空间要素，三个组成要素在"三全育人"体系中紧密联系、相互贯通，有着不同的地位和作用。

"三全育人"的三个组成要素分工明确、目标统一。全员育人在"三全育人"中占据着核心地位，发挥着重要的基础性作用。高校全体教职工立足本职岗位，各司其职，将育人思想和行动融入工作内容，是完成立德树人任务的关键环节。

全过程育人和全方位育人是高校思政育人工作的途径和载体。高校教职工开展育人工作需要贯穿学生成长成才的全过程，从大一新生报到至大四毕业生离校，时时育人。同时，高校教职工开展育人工作应不仅仅局限于课堂，班级、宿舍、食堂、社团、讲座、网络都具备育人条件和资源，教育主体须深入学生一线，处处育人。因此，全过程育人和全方位育人决定着高校育人成效的好坏。

2. "三全育人"理念的特点

（1）整体性

"三全育人"是整合教育资源、发挥教育合力的系统理念。整体性是"三全育人"的显著特点，"三全育人"的整体性特点体现在对育人的整体规划，统筹管理，强调坚持系统思维，从整体考虑，实现育人一体化格局的建构。全员育人是将高校全员调动起来，齐抓共管，形成育人的整体队伍。高校专职教师、管理人员、各部门人员在做好自己本职工作的同时，将思想政治教育融入工作中，拓宽思想政治教育渠道。

（2）全面性

"三全育人"的全面性体现在育人的目的是实现人的全面发展，还体现在育人要采用多种方式实行，从多个层面开展，各个环节协同，多个领域融通。高校要培养全面发展的人，培养德智体美全面发展的社会主义建设者和接班人。因此，必须重视提升学生的思想道德素质、科学文化素质及各种能力，各个育人环节协同发力。"三全育人"强调做好各个方面的配合，使各类课程与思政课同向同行、形成协同效应，实现教书育人、管理育人、服务育人；还强调社会、学校、家庭协同，构建完整的育人体系，提升育人实效，形成育人的立体格局。

（3）全程性

"三全育人"具有全程性特点，着眼于教育的长期性、复杂性，以实现人的全面发展为目标，强调思想政治教育要贯穿人才培养的全过程，贯穿育人的各个环节。高校要把握学生的成长规律及其各个阶段的发展需求，采取与其相适应的育人方式；抓住关键点，使得各个阶段有效衔接，循序渐进地使思想政治教育融入学生成长的各个阶段、各个环节，增强育人工作的针对性与实效性。

3. "三全育人"理念的时代价值

（1）开展思想政治教育的有力保障

随着互联网的迅猛发展，海量信息扑面而来，一些不良的价值观念和思想，腐蚀着当代大学生的思想，一部分学生存在理想信念不坚定、信仰缺失、自我控制能力较弱、心理素质差等问题，很容易出现思想上和行为上的偏差，这些情况的出现不可避免地冲击了高校思想政治教育工作，加大了高校思想政治教育工作的难度。高校思想政治教育工作与其他教学工作相脱节，"各自为战"。

"三全育人"理念下，明确了高校教职工、行政管理人员、后勤人员的育人职责，要求其除了要做好本职工作，还需要充分发挥各自的育人作用。"三全育人"理念是高校开展思想政治教育的有力保障。

（2）整合高校思想政治教育资源的有效途径

对于传统的高校教育管理模式而言，行政管理、学生管理、教学管理三者是相分离的，很少会有工作上的交集，经常会出现"各自为战""条块分割"的情况。高校的这种管理体制，有利于教师的成长和发展，但容易忽视学生的全面发展、和谐发展。

"三全育人"理念要求加强全体教职工之间的协作，整合学生管理、教学管理、行政管理方面所有的教育资源，促使学生在社会实践、技能培训、创新创业、就业指导等方面得到全面的引导、帮助和支持，从根本上提升学生的综合素质和能力。

可以说，"三全育人"理念是高校人才培养的"黏合剂"，明确了高校所有教职工的育人职责，从根本上改变了传统教育模式中"重视教书工作，而轻视育人实效"的做法，激发了每一个教职工的责任感和使命感。

二、高校思想政治教育理念创新存在的问题

（一）未能正常发挥思政育人功能

我国已进入经济社会发展的新常态，思想政治教育需要与社会转型现状相结合。倘若教育理念无法与时代发展的步伐相一致，那么创新也就无从谈起。当前思想政治教育领域长期以来形成的重知识、轻能力的观念，导致教育质量无法提高，还存在和社会经济发展不相适应的问题。我国高校思想政治教育在开展中不仅受行政体制的影响，还会受经济、市场发展的影响，部分教师出现了功利性教学的现象，影响高校思想政治教育效果。

（二）教育方式缺乏创新

在高校的思想政治教育中，传统教育观点仍然存在。教师更善于运用灌输的方法来传递理论知识，进而使很多学生形成了既定的接受方式和相应理念。许多学生将大部分的时间都用在既定规范和相应观念的接受方面，过于注重理论知识的学习，忽视了实践能力。思政课教师应在日常教学中充分利用互联网、新媒体平台等，提升自身的教学水平。

第二节　新时期高校思想政治教育的生态环境创建

新时期高校思想政治教育要正视复杂多变的环境，努力在环境的供给面和大学生的需求面之间搭建共谋、共建、共管的平衡点，铸牢环境方面合力育人的思想意识，提升思政育人的效果。

一、创设和谐稳定的社会环境

人类不是独立的个体，人的本质是一切社会关系的总和。亦可看出，社会环境对人发展的至关重要性。因此，只有创设和谐稳定的社会环境，以察时变，才能协助大学生在社会环境的大潮中不被裹挟，实现跨越式发展。

二、营造优质安全的校园环境

学校是人才的培养皿，与高校思想政治教育息息相关的就是社会，高校培养的人才最终要在社会这个大烧杯中混合、溶解、稀释、沉淀、蒸发和澄清，最终以什么样的质态呈现，学校教育起着至关重要的作用。

（一）优化校园的物质环境建设

只有创设营造充满活力的良好校园环境，才能使思想政治教育在高质量的发展道路上，有理想的思想环境、有健康的舆论环境。那么对于校园物质环境的建设，高校应当做好整体性规划，注重寓思想于物质之中。注重硬件设施的建设，建立健全各类设施，如校训墙、餐厅文化墙、教学科研设备、学生活动中心等，借此最大化发挥隐形教育的关键作用。

（二）净化校园的周边环境

随着社会上产教融合之风的盛行，没有围墙的大学备受青睐，校园周边环境与大学生的品德养成休戚相关。大学生社会经验不足，容易上当受骗。因此，只有加强对校园周边环境的管理，加大对危害学校稳定事件的查处力度，全力整治，分步实施，荡涤不良风气，才能助推高校思想政治教育环境的优化升级。

三、构建民主平等的家庭环境

家庭环境影响着人们的做事态度和处世风格，对在人生观、价值观形成阶段的大学生起着至关重要的作用。高校大学生一般都住校，但家庭教育不能缺位。

（一）树立正确的教育观

家庭要突破唯成绩的偏见，认识到只有德才兼备才是社会型人才。与此同时，不能把教学生的任务只归于学校，要注重家校合作育人。另外，要摒弃"好孩子都是别人家"的错误观点，辩证看待自家孩子的优点和缺点。依据学生自身的特点，因材施教，注重全面发展，鼓励其勇敢前进。

（二）重视代入感教育

家长要做好榜样，提高自身的思想道德修养，注重言传身教，要作风正派；家规要严格，但不失原则；家庭物质设施要井然有序，生活用品不在于多么高档奢侈，而在于摆放有序、有条理，使大学生潜移默化地受到一种积极向上的精神的熏陶。

（三）注重有效沟通

家庭各成员之间要相互尊重，家庭成员要主动、经常性地与大学生沟通交流，鼓励大学生倾诉内心感受，学会倾听，注重他们的心理状态和情感变化；换位思考，去了解大学生的内心世界，并给予适当的关心和引导，帮助他们解除心理上和现实中的困惑，为大学生提供情感上的滋养。

第三节　新时期高校思想政治教育的生态实践

一、新时期高校思想政治教育的生态原则

在整个生态系统的建设过程中，应坚持系统性、层次性与开放性有机统一的总体原则，即坚持对高校思想政治教育生态系统的整体性、系统性建设，对主体因子与环境因子及其相互关系实行联动的层次性建设，在统筹兼顾中增强要素之间的联系与互动，实现高校思想政治教育生态系统内部循环的有序开展与外部保

障条件的合理供给。

（一）突出系统性原则

系统性是生态观的重要内容与思维方式，将系统性作为高校思想政治教育生态系统重要的建设原则与优化理念，就内在地要求我们要坚持将高校思想政治教育理解为各要素彼此联系、交流互动的整体化、系统化的生态系统。

1. 从实践活动层面来理解

从实践活动层面来理解，高校思想政治教育生态系统，包含教育者、学生等群落在内的生命因子，传递信息的内容与方法因子，以及由物质、制度、精神以及社会圈层、自然圈层等构成的环境因子，呈现明显的整体性与系统性特征。同时，也构成了高校思想政治教育生态系统中的两个基本生态关系，即"纵向的前后承续生态关系"与"横向的周围牵制生态关系"。因此，我们在对高校思想政治教育生态系统进行建设的过程中，要时刻注意这种系统性的生态原则，既要关注主体因子与环境因子的优化建设，也要坚持对生态关联的关注。

2. 从立德树人的目的性层面来理解

从立德树人的目的性层面来理解，高校思想政治教育生态系统要培养全面发展的"整体性的人"，避免"单向度"与"片面化"的教育结果。这种"整体性的人"指向两个方面：一方面，高校思想政治教育生态系统要关注人的发展的全面性；另一方面，整个生态系统要强化与其他教育环节的关联性，构建有利于立德树人根本任务完成的关系链。

（二）凸显层次性原则

1. 注重学生群落的层次性

学生群落是高校思想政治教育生态系统的重要生态主体，由于其中的学生个体在心理认知、理念认同、心里觉知以及学习动机方面存在不同的差异，就构成了学生群落的不同层次，由此形成了学生群落对于思想政治教育信息传递循环的不同效率，即有的学生个体对思想政治教育信息的接收、筛选、内化及输出的效率较高，而有的学生个体则相反。因此，高校思想政治教育生态系统在建设过程中，要凸显对学生群落层次性的尊重，加强对学生群落不同层次的研究，尤其注意"边缘效应"的运用，注重调动每个学生个体的积极性与主动性。

2.注重信息传递的层次性

信息是联结高校思想政治教育生态系统不同组成部分的重要纽带，在信息的流通过程中，也呈现出层次性。一方面，信息既是高校思想政治教育生态系统的组成部分，其自身也是一个复杂的生态系统，包含不同的信息因子，如携带马克思主义理论的知识信息、携带道德与意志的能量信息、携带社会预期与教育预期的需求信息、携带学生认知的诉求信息、携带各类内容的反馈信息等，这些信息因子本身就具有不同的层次。

另一方面，信息的循环过程也是有不同层次的，这主要受到信源的素质与能力、信道的形式与效率以及信宿的素质与能力的影响。因此，在高校思想政治教育生态系统的建设过程中，要注意对不同信息层次的处理模式，把握信息建设的力度与着力点。

（三）强化开放性原则

1.坚持教育理念的开放性

在高校思想政治教育生态系统的建设过程中，要坚持树立教育者与学生平等、尊重学生、关爱生命的生态化教育理念。尤其在思想政治理论课方面，要"从重视教师向重视学生转变、从重视知识传授向重视能力培养转变、从重视教法向重视学法转变、从重视认知向重视发展转变、从重视结果向重视过程转变、从重视继承向重视创新转变""注重力量整合、多方服务"。那么，在整个生态系统运行过程中，要摒弃教育者及学生生态位重叠、错位、缺位的错误理念，构建合理的生命因子关联，提升学生群落发挥自我生态位功能的积极性与主动性。

2.坚持构成因子的开放性

高校思想政治教育生态系统包含不同的构成因子，在其建设过程中，要注重提升构成因子的开放性，这种开放性指向不同的方面。

一方面，要不断丰富构成因子的数量。如对于教育者而言，要不断增加可以进行思想政治教育活动的行政人员、企业人员、社会榜样人物等不同阶层、不同职业的生命因子，努力使不同人物走进高校校园；另一方面，要加强不同因子之间的关联性，构建丰富的生态互动链。如开展第一课堂与第二课堂活动，增强两个课堂之间的互动关联，共同为完成立德树人根本任务服务；要加强校企合作、家校合作，提升学生群落的综合素质等。

二、新时期高校思想政治教育生态实践路径

（一）加强师生关系的生态化建构

1. 教师角色定位与转变

思想政治课教学除了表现为教师讲授马克思主义基本理论、促进学生智育发展，也可以理解为教师引导学生形成良好的心理品质并促进学生的德育建设。结合生态观理论，其强调，在生态系统中，不同物种均有其不同的位置与作用，不过并不表明它们存在先等的地位。政治课堂生态化教学期间，即使师生之间在知识储备、实践经验上存在很大的不同，师生也具备相同的人格。学习期间，作为促进者、被促进者二者也具有相同的地位。

在高校思想政治课生态化教学中，教学内容的把握应遵循"动态平衡""适度"原则，实现从课本到生本的跳跃。高校思想政治课堂大多由45—55人组成，这是以不同学生主体为中心形成的小集体，学生水平参差不齐，因此就要求教师善于平衡班级的水平，以准确选择教学内容。虽然学生的潜能是无限的，但是在一定时期内学生的接受程度是有限的，传统的教学一贯采用满堂灌的方式，将教师认为应该教给学生的"知识"在一堂课的有限时间内全部灌输给学生，这不但会使学生在生理上产生疲惫感，心理上对于思想政治课也会逐渐丧失兴趣，从而朝着生态的反方向越行越远。

2. 学生角色定位与转变

传统的思想政治课堂都是老师说，学生听；老师提问，学生回答。学生的"听"与"答"是被动的、机械的。大部分学生不能耐心地听完老师的解说与提问，也不能从其他同学的回答中提取有效的信息，这不仅直接影响了课堂效率，更让学生感到无趣。因此，在高校思想政治课生态化教学中，转变学生的角色定位至关重要。

3. 师生关系的和谐融洽

高校思想政治课面临的师生关系固化问题是生态化教学的一大障碍，思想政治课生态化教学需要有良好的秩序和和谐的课堂教学环境。因此，基于师生关系，必须通过构建融洽的师生关系来化解这个问题。

首先，思想政治教师可以令每位学生结合自身实际来制定学习目标，而教师在学生同意的情况下可以进行微调，最终师生双方达成一致并制定学习行为规范。学生制定计划是主动而非被动的，这样即使某次学生因为自身原因未完成任务也

不会找客观原因。这种合同的方式不仅能够约束学生本身的行为，而且能够促进学生的学习进步，有效避免了师生矛盾。

其次，思想政治课作为一门人文学科，教师应该学会幽默教学。相关数据显示，大部分学生最喜欢的老师往往是能力与幽默感俱佳的老师。作为思政课教师，在课堂上表现出幽默的教学风格，在语言组织上表现得形象、具体通俗，就会使学生感到快乐。不仅如此，教师善于使用幽默的语言，不仅可以有效化解矛盾，还能够活跃课堂气氛，促进师生关系和谐发展。

最后，思想政治课教师可以在课堂上运用合适的身体语言来影响学生，引导学生的课堂表现，从而调节课堂活动以此达到教学目标。

作为一名思想政治课老师，表情要亲切自然，善于用眼神与学生交流。俗话说"眼睛是心灵的窗户"，用眼睛说话，能够使学生感到亲切和被关注，这样会使课堂氛围轻松融洽。同时需要注意以下几种不可取的教态，比如眼神呆滞，照本宣科，全程坐立授课等。这种教态会引起学生的反感，反而会降低思想政治课的学习效率。

除了有声教态，也可以使用无声教态。比如课堂上有学生发呆走神，或交头接耳，教师大可不必大声呵斥，可以慢慢走到学生身边，让他察觉到自己的问题行为，如果学生仍未改变，此时教师可以用手轻轻敲学生的课桌，这种无声的教态行为会让学生充分感受到老师的善意，从而纠正不好的习惯。

第四章 内容创新发展：新时期传统文化融入高校思想政治教育工作

高校思想政治教育与中华优秀传统文化相结合能够提升思政教育质量，帮助学生形成正确的三观。通过分析中华优秀传统文化与思政教育融合面临的问题，笔者提出从建立学习生态、搭建教学平台、开展实践活动、打造互动课堂、构建评价机制等方面，全面提升思想政治教育与传统文化的融合路径。本章分为高校思想政治教育工作的创新内容、传统文化与高校思想政治教育工作的关系、传统文化融入高校思想政治教育工作的路径三部分。

第一节 高校思想政治教育工作的创新内容

一、大学生生命教育

（一）大学生生命教育的特征

1. 大学生生命教育对象的独特性

大学生处于特殊的社会阶层中，展现出不同于其他社会群体的生命特征。在大学阶段，大学生的生命发展急剧变化，生理发育、思维模式和价值观念都具有不同于其他群体的特征。

在生理发展方面，大学生生理发展进入稳定阶段，各个器官基本发育完成，各项身体机能也已发展成熟。另外，大学生经过专业的学习和训练，知识储备量不断增加，思维能力不断提高，具有较强的逻辑思维能力和辩证思维能力，对于他们来说更渴求探寻生命的本质，思考生命的价值。

在心理特征方面，进入大学，大学生离开父母开始了独立的生活，知识水平也进一步提高。自我意识伴随着独立感的增强和知识结构的完善也进一步地发展，他们更加关注自己的生命，能够按照自己的理想规划自己的生命，并以社会规范约束自己的生命行为，对人生的意义有着更加深入的思考。他们不再满足于平淡的人生，渴望实现自己的生命理想，不断实现生命的超越。为了实现自己的生命发展目标，大学生不断增强自己生命的坚韧度，保持积极的生命态度。但是，新时代部分大学生自我意识在发展中也会遭遇一些困境，如果理想自我不能与现实自我相匹配，在遇到学业问题、就业问题和情感挫折时，容易产生自我怀疑、自我否定等的消极负面情绪，从而产生困惑。

在思想观念方面，新时代大学生的思想观念多元开放。他们对于事物的发展大都有着自己的理解。与此同时，偶像崇拜成为新时代部分大学生寄托自己对美好事物的想象的重要方式，偶像明星在新时期大学生群体中的地位十分突显，冲击着传统权威的作用。互联网的发展更是改变了大学生学习交往的方式，使得大学生获取信息的途径显著增多，这既开阔了大学生的视野，也使得一些消极文化"有机可乘"，影响了大学生价值观的形成。因此，新时期大学生生命教育要密切关注大学生的身心变化，关注大学生发展的现实需要，引导大学生正确认识生命、深刻理解生命、升华生命价值。一方面要加强大学生生命价值观的培育，另一方面大学生也要提高自己辨别和筛选信息的能力，不断提高分析问题和解决问题的能力。

2. 大学生生命教育内容的时代性

在不同时期，大学生所遇到的生命困惑不同，所展现的具体的生命问题也不尽相同，根据不同的现实需要，大学生生命教育的内容也会有不同的发展。在社会主义建设初期，国家在连年战争后百废待兴，经济发展水平较低，大众物质和文化生活产品十分匮乏，社会倡导个体依附于集体，大学生生命教育重精神轻物质，倡导集体利益至上。

在改革开放后，我国社会政治、经济、文化都发生了很大的变化，在一定程度上影响着大学生生命教育的内容。在经济上实现了以市场配置为主的社会资源配置方式，生产力得到了巨大的解放，人们生产的积极主动性得到提高。但是，随着市场竞争的加剧，人的生存压力明显增大。与此同时，中国进入了一个价值多元的时代，人们处在一个多元并存的文化体系中，生命价值观念、道德观念和生活态度都发生了改变，于是人们开始逐渐重视个体生命本身的发展和价值的实现。

新时期我国正处于深刻的社会变革之中，新时期给大学生生命教育提出了新的要求。生命教育要立足于新的历史方位，对生命教育的内容和教学方法进行探究与创新。此外，新时期大学生生命发展的独特性也要求生命教育的内容要与时俱进。因此，大学生生命教育的内容要紧跟时代，依据大学生生命发展所呈现出的新特征，创新生命教育的内容。

3. 大学生生命教育手段的多样性

新时期大学生生命教育内容的时代性要求生命教育不能单独依靠某一种教育手段，而是要将显性载体和隐性载体相互结合，采取多样化的教育手段，只有这样，才能达到生命教育的目的。

课堂教学是最基础的生命教育手段。生命教育课堂包含渗透在其他学科课程的课堂和专门的生命教育课堂。目前来说，高校主要通过自然科学类的教学课堂引导大学生科学探究自然生命的规律，通过人文社科类的教学课堂引导大学生探求人生的意义。同时高校注重专业化生命教育课堂的开设，利用专门的教材、聘用专业的生命教育教师对大学生进行生命教育，帮助大学生解决人生困惑，促进大学生全面发展。

随着信息技术的发展，大学生获取信息的主要路径由"线下"转到"线上"。微博、微信、短视频等具有强大传播功能的新媒体为新时期大学生生命教育提供了新的教育平台和手段。目前，许多高校都开展了相应的网络教育课堂，学生可以在网上自主学习相应的课程。

丰富多样的社会实践活动是生命教育的重要形式。高校鼓励大学生将自己在大学所获取的理论知识与实践相结合，通过举办丰富多彩的社会实践活动，为大学生体验生命提供机会，比如组织学生去福利院、康复中心等机构开展志愿者活动，让大学生在实践中体悟生命的意义。

综上所述，大学生生命教育背负着引导大学生正确认识生命、提高生存技能、实现生命价值的重任。尤其是在国际形势日益复杂、思想价值观念日益多元的背景下，大学生在生活方式、学习方式和思维方式上都出现了很多新的变化，这就要求高校抓住大学生生命教育的新特点，以更广阔的视角开展大学生生命教育活动。

（二）大学生生命教育的内容

新时期生命教育把生命理解为三种意义上的生命，即自然生命、精神生命、社会生命。在此基础上，通过对大学生个体特征和新时代的时代特征进行分析，按照大学生的生命发展需求和新时代的人才需求，将大学生生命教育分为自然生命的教育、社会生命的教育、精神生命的教育。

1. 自然生命的教育

自然生命是从物质的、生理的角度去描述生命个体的，如身体、器官、组织等系统。马克思的辩证唯物观认为物质是世界的本原，对于个体而言，自然生命是个体存在的基础，是社会生命和精神生命得以发展的前提，因此新时期大学生生命教育的第一个内容是自然生命的教育。自然生命的教育又大致分为以下两个方面。

（1）珍惜生命的教育

生命的存在是一切行为的起点，是生命发展的前提，因此首要的是要引导大学生珍惜生命。古人早有"身体发肤，受之父母，不敢毁伤""盛年不再来，一日难再晨"等观点，习近平总书记也多次强调"生命至上"的理念，教导我们珍爱身体的一丝一毫、珍惜生命的寸寸光阴。不管是从新时代大学生的需要，还是从生命教育本身而言，新时期大学生生命教育都应该涵盖珍惜生命的教育。

高校应建立起系统的专业的自杀预防机制，让大学生意识到不能轻易了断自己的生命，给大学生建立在危机产生时可以及时有效求救的渠道。同时，除了对自杀的干预，高校也应传授大学生一些应对灾难、危险事故的自救知识，我们可以将其称为生存教育的一部分，让大学生在面对危险的时候能有能力、有方法保护自己的生命。

（2）养护生命的教育

新时期我国社会的主要矛盾已经转化为人民日益增长的美好生活需要和不平衡不充分的发展之间的矛盾，人们更为关注生活质量，生命教育也应转向对生命质量的提升。由于生活方式等的转变，部分大学生时常与游戏、电视剧等通宵相伴，或是毫无控制地暴饮暴食，从而导致身体健康遭受损害。高校应引导大学生关注自己的身体健康，抵制不良生活方式，通过体育锻炼、健康作息、均衡饮食等来养护生命。高校可以通过开展相关选修课教授大学生相关养生知识，联合学生组织、体育类型社团举办活动等来塑造青春活力的校园风气，让大学生树立强身健体的意识。

2. 社会生命的教育

社会生命是生命个体与人、自然、社会之间的关系。人是大自然的一部分，但在现实意义上人的本质是一切社会关系的总和，人总是处在社会这张大网中无法脱离，因此对大学生进行社会生命的教育至关重要。

（1）尊重生命的教育

尊重生命表现在尊重生命的自然发展、生长规律。

一是尊重他人的生命，既要求我们尊重他人独特的、唯一的生命个性，又要求我们尊重他人生命的独立存在与神圣不可侵犯。新时代是一个包容的时代，大学生的个性被充分展现，我们在与他人交往时要充分尊重他人对自我生命个性的展现，生命个体都有其不可让渡的尊严，不应因差异而产生扭曲的排斥心理。同时他人的生命健康权和生存权是独立的，不允许践踏的，不能因自己的情绪而伤害他人，防止大学生校园霸凌事件、伤害他人性命的事件发生。

二是要敬畏大自然，这就要求我们要善待一切自然界的生命存在。新时期大学生的生命教育提倡善待一切"有生之命"，道家也提出"天地与我并生，而万物与我为一"的观点，凡生命皆无贵贱。同时我们敬畏自然就要求我们不应肆意破坏环境，恩格斯曾提出"我们不要过分陶醉于我们人类对自然界的胜利，对于每一次这样的胜利，自然界都会对我们进行报复"，曾经人类为了发展而无节制地开采资源，带来了许多环境恶化后果，我们也认识到了大自然的威力。在新时代，习近平总书记的"两山论"正是我们敬畏大自然该有的态度，我们应视绿水青山为金山银山。

（2）生命价值的教育

生命个体是无法独立于他人、独立于社会而存在的，因此生命价值教育就是倡导大学生珍视自身价值，并将个人生命价值融于社会。珍视自身价值就是要正确定位自身，不因小我而妄自菲薄，不因平凡而荒废人生。新时代是一个充满机遇的时代，大学生应积极入世，乘时代之东风发挥自己的生命价值。同时我们也要将小我融于大我，新时代的大学生正处在实现第二个百年奋斗目标的关键时期，国家的发展需要大学生在社会的各行各业发光发热。因此，大学生生命教育的生命价值观要引导大学生在建设自身的同时，树立为国家建设、民族复兴做贡献的生命价值观。

3.精神生命的教育

精神生命即生命个体的知情意信等方面，囊括了个体对于生命的认知、情感、信仰，是自然生命和社会生命的升华，决定了生命个体的高度。因此新时期大学生生命教育理应将精神生命的教育纳入内容系统。

（1）生命意识的教育

生命意识教育又可以分为对生命本质的认知和对生命的审美两个方面的内容。

一是生命本质的认知教育，对于生命的本质从不同角度看有不同的理解。从生物学的角度看生命是细胞的聚合体；从社会学角度看生命是自然属性和社会属性的统一体；从教育学的角度看生命是从自发到自觉不断发展的有机体，除了这些观点还有许多其他从心理学、哲学等角度阐述的观点。对新时代的大学生进行生命本质认知的教育，可以更好地帮助他们了解自我生命本质的问题，以破除对生命未知的虚无感和对死亡的恐惧感。

二是生命的审美教育，即培养大学生对生命的美的发现、欣赏能力。生命蕴含着千姿百态的美，如自然界的河山之美、人性之美、生命力之美等，引导大学生审视生命之美，有助于激发大学生的生命活力、审美情趣，从而更加珍视生命、敬畏生命、悦纳生命。

（2）生命信仰的教育

对于生命个体而言，信仰是意识的最高表现，是个体精神力量的凝结。新时代的大学生所处的社会环境、文化环境均较复杂，加上其处在心理发展不稳定的时期，极易受到影响。浮躁的社会风气、横行的消费主义、不良文化的侵袭，导致大学生难以找到灵魂归处，生命难以落地生根，这就是信仰缺失的表现。有了信仰，不管环境如何变化，心中的信仰不倒，生命就有前进的方向，生命才能充满力量。习近平总书记强调"人民有信仰，民族有希望，国家有力量"，可见生命信仰教育的重要性。对新时代大学生进行生命信仰的教育，要坚持马克思主义的指导，增强四个自信，引导大学生将个人信仰与国家、民族相统一，确立实现共产主义的最高理想。

（三）大学生生命教育的现实意义

新时期大学生生命教育不仅是推动大学生生命高质量发展的重要手段，而且有利于促进高校教育回归生命本质，还能为社会发展提供全面发展的人才。

1. 引导大学生树立正确的生命观

青年时期是人一生中的关键时期，大学生并非无忧无虑，而是面临着多种心理压力，承担着家人的期待，在成长的过程中面临着许多生命困惑。由于大学生自身价值观念的不成熟，在面对新的事物和思想时不能有效辨别，很容易受到消极价值观念的影响，不能正确认识生命，容易产生困惑。新时代大学生多数都是独生子女，集万千宠爱于一身，再加上同学之间的相互攀比和炫耀，部分大学生的生命认知出现了偏差。

新时期对大学生进行生命教育有利于大学生切实感受到自己生命的宝贵，明白自己的生命是无价的，进而切实珍惜自己的生命；有利于引导大学生确立对生命价值的正确认识，减少因自我意识过于强烈、生命意识薄弱而带来的极端负面事件，面对人生困境时能够勇于面对自我；有助于大学生树立科学的人生理想，引导大学生在生命发展的过程中不断追求自己的人生目标，继而更好地发展自己的生命。

综上所述，新时期大学生生命教育能够为大学生成长成才保驾护航，有助于引导大学生树立积极健康的生命观，为大学生提供足够的勇气去应对学习、工作和生活中的挫折，坚定地向着自己的理想前进。

2. 促进大学教育回归生命本质

大学阶段是人生道路的重要转折点，大学教育就是要引导大学生抓住机遇，奠定大学生走向社会的基础。大学教育本是基于人生命的需要，引导大学生形成积极的生命态度，发挥大学生生命才能，促进个体生命完善的教育活动。

教育必须关注人的生命，新时期大学生生命教育为促进教育回归生命、关注生命提供了着力点。大学生教育不只是教育大学生谋生，而且应站在生命的角度去发展教育，教育大学生激发生命的潜能，发现生命的内在意义。新时期大学生生命教育不应以整齐划一的标准来培养学生，而应尊重个体生命之间的差异，承认每个大学生的独特性，致力于唤醒人的生命意识。

3. 培育新时期社会主义建设人才

新时期大学生生命教育有利于为社会发展培育人才。新时代大学生生命观决定了我们国家和民族未来的发展质量。大学生只有拥有健康的生命观才能真正地投身到中国特色社会主义现代化的建设当中去。中国正处于"百年未有之大变局"，在这个历史方位和时代下，中国梦的实现存在不可预知的风险和挑战，还有很多问题需要解决。这就都需要大学生充分发挥生命的活力和潜能。

（四）大学生生命教育的实施路径

1. 重视大学生生命教育的思想引领

（1）用马克思主义理论强化大学生生命价值教育

马克思主义关于人的本质的论述表明，社会属性是人的本质属性。人只有生活在社会大环境中，通过社会交往才能实现其个人价值，追求幸福人生。马克思主义的生命价值观不仅强调人需要从社会中获得尊重和满足，更强调人对社会的服务和奉献。大学生需要在不断审视自身内在需求的过程中，追寻生命的价值，从而安身立命于世。

第一，将马克思主义蕴含的生命哲学思想充分运用到生命教育的过程中。当代大学生生活在这个不断开拓创新的时代，应把握时代的节奏，自觉以党和人民的意愿历练自己，做到高瞻远瞩、勇于开拓，在火热的青春中放飞人生理想，在拼搏的人生中实现自己的生命价值。正如习近平总书记在全国高校思想政治工作会议上强调的："正确认识时代责任和历史使命，用中国梦激扬青春梦，为学生点亮理想的灯，照亮前行的路，激励学生自觉把个人的理想追求融入国家和民族的事业中，勇做走在时代前列的奋进者、开拓者。"

第二，引导大学生用马克思主义理论的正确理念看待时代的变化。时代特征的命题是马克思主义理论的基本内容之一。当前我们已经进入社会主义现代化建设的关键期，面对日益繁重的历史任务，我们必须坚持马克思主义的理论视角，巩固马克思主义在当今社会意识形态领域的主导地位。当代大学生应准确把握"承前启后，继往开来；更为艰巨，更为光荣；美好生活，从有到优；勠力同心，伟大复兴；世界舞台，人类贡献"的时代特征，从马克思主义理论的视角正确认识这个时代，自觉按照党和人民的要求锤炼自己、提高自己，在党的路线引导下不断向前，助力实现中华民族伟大复兴的中国梦。

（2）用中华优秀传统文化铸造大学生精神家园

中华优秀传统文化是中华民族精神家园的支柱。优秀传统文化是一个国家、一个民族传承与发展的根本，是人类文化持续发展的台阶和垫脚石。如果丢掉了，就割断了精神命脉。因此，应将中华优秀传统文化引入生命教育的全过程，减少消极因素对大学生思想动态的影响，铸造大学生的精神家园。

第一，深入挖掘优秀传统文化中蕴含的生命哲学思想，将其运用到生命教育中。例如，中华传统文化中所蕴含的天人合一的宇宙观、自强不息的生命观、知行合一的实践观等都是中华民族深厚的文化底蕴，是生命教育的重要资源。

第二，引导大学生养成阅读宣扬中华优秀传统文化书籍的良好习惯。通过学习中华优秀传统文化从而更好地激发生命的内在潜能，加深对生命的存在、生命的意义、生命的价值的理解。无论是学校还是家庭，都应该引导学生将阅读作为一种爱好。

第三，充分发扬中华优秀传统文化在日常生活中的重要作用，让传统美德贯穿在大学生的思想观念和生活实践中。例如，利用传统文化中的"孝道"，使大学生具有仁爱思想。《孝经》中记载道："身体发肤，受之父母，不敢毁伤，孝之始也。"个体的生命并不仅属于自己一人，也属于父母、民族和国家。珍爱自己的生命就是孝顺父母，如果一个人不孝顺父母，不尊重父母，何谈热爱社会、热爱祖国。

（3）用鲜红底色的革命文化为大学生立心铸魂

革命文化历经沧桑，既有传统文化的深厚底蕴，又以马克思主义科学理论为支撑。革命文化主要由以下几个部分构成：长征精神、延安精神等构成了革命精神文化；革命文物、红色革命遗址等实物遗存构成了革命遗存文化；土地制度、党团制度等构成了特定的革命制度文化；始终将革命利益和人民放在第一位的理念构成了革命道德文化。高校应充分挖掘革命文化中蕴含的大学生生命教育资源，为当代大学生立心铸魂。

2. 发挥大学生自我教育的作用

大学生生命教育必须要有学习者的主动参与，大学生是生命教育中的参与主体，如何提升其主观能动性，助力教育活动启动，事关理想教育的成效。大学生的自我教育是最基本且最有效的一个环节。

（1）树立正确的生死观

著名的存在主义哲学家布莱士·帕斯卡（Blaise Pascal）曾经说："人是这个世界上最脆弱的一棵苇，却是一棵高贵的苇草，因为人是知道自己要死亡的。"人类生命的长短是由人的生物属性决定的，人都要经历从新生到死亡的过程。人要正确地看待生存和死亡，正是因为死亡是一个生命有限性界定的存在，人往往才会对自己的生命有所反思。

大学阶段正是人生观、价值观建立并成熟的关键时期，正确地看待死亡也是正确人生观建立必不可少的环节。大学生要树立正确的生死观就要接受死亡。首先，要接受亲朋的死亡，死亡可以看作自然生命的结束，也可以看作精神生命的延续，死亡是不可避免的，但可以用精神的方式缅怀。正确地看待亲朋的死亡也能从心理层面保护大学的心理健康，从而减少过激行为的发生。其次，也要接受自己的死亡，接受自身的死亡并不是随意结束生命，而是正确地理解生命。只有接受自身生命的有限性才能更好地过好每一分钟，才能遵守社会规则、保护生命。

大学生树立正确的生死观另一个必不可少的环节是持续探索生命意义。成长在新时代的大学生应不断汲取各种知识，注重实践经验累积，全身心投入社会建设过程中，不断探寻自己的社会价值，从而让自我价值得到升华。大学期间要确立自己的人生目标，通过学习文化知识增加自己的知识储备，同时要利用好课余时间，多参加实践活动，拓宽自己的视野，做到德智体美全面发展。生命意义的终极意义就是对未知的感知与体验，大学生应珍惜自己的大学时光，珍惜人生的每一个阶段。

（2）提高自身的抗压能力

当代大学生的压力来自诸多方面，其中包含学习压力、就业压力、情感压力等，然而大学生的抗压能力普遍较差。大学生提高自身的抗压能力可以选择分散注意力的方法，如选择运动和听音乐等方法释放压力。大学生也可以选择向他人倾诉的方法，压力的堆积往往会让人无法承受，及时地向身边人倾诉也可以提升自身的抗压能力。总之，大学生要有独自面对压力的能力，尽力找到压力的来源，只有不断解决带来压力的问题才能真正地提高自身的抗压能力。

（3）增强生命责任意识

当代大学生应成为有理想、负责任、有担当的有志青年，要对生命负责。对生命负责既包括对自己的生命负责也包括对其他人的生命负责。

首先，要增强生存意识。大学生应积极学习火灾逃生、游泳等基本求生技能，对自己的生命负责。当然大学生也应该对潜在的可能对生命安全构成威胁的事情加以防备。

其次，要增强法律意识。大学生要对他人的生命负责。了解国家的法律法规，树立良好的法律意识，绝不做出触犯法律及危害他人生命的事情。当他人生命受到威胁时，大学生要做的不是袖手旁观，而是在保证自身安全的前提下伸出援手。

最后，要有生命平等的意识。大学生要重视每一个生命，自然界的动植物都是有生命的，在不违背自然规律的前提下也要对动植物的生命负责任。大学生可以参加动植物栽种实践活动和流浪动物救助活动，切身体验生命的活力，这样更加有利于增强大学生的生命责任意识。大学生只有增强生命责任意识才会激发其自身责任感的形成，才会更加敬畏生命、珍惜生命。

3.做好大学生生命教育实施的保障工作

（1）教师应树立正确的生命教育教学理念

在生命教育过程中教师应牢牢掌握学生成长的规律。教师作为知识的传授者，要充分认识大学生的心理特点。当代的社会环境十分复杂，大学生极易受到腐朽思想的冲击，容易出现"理想信念模糊、价值取向扭曲、诚信意识淡薄、社会责任感缺乏"等问题，面对这些问题的产生，教师应树立正确的生命教育教学理念，在生命教育过程中不断探索，探寻学生成长规律与生命教育的契合点，提高生命教育的针对性。

第一，生命教育是思想政治教育的重要分支，对"时代责任"的使命完成具有举足轻重的作用。大学生是朝气蓬勃的一代，是被时代赋予重任的前行者。在生命教育的过程中，教师应将"时代责任"的理念一以贯之，帮助大学生增强时代责任感，围绕高校教育的核心问题，在培养人才的过程中坚守"是什么""如何做"以及"为谁培养"的理念。同时，教师应注重增强时代责任感，具有底线思维，牢记育人使命。把"时代责任"作为育人的最高境界，为生命教育添砖加瓦。

第二，教师应始终遵循"以文育人、以文化人"的教学原则。教师承担着"传播知识"和"立德树人"的双重责任，因此，必须贯彻教育者先受教育的原则，不断提升自身专业素养、提高教学能力。教师作为知识的传播者，不仅要将知识传播给学生，更需要教育学生如何正确看待生命、如何更好实现人生价值等问题。教师应首先感受生命的无限力量，在教育教学的过程中充分挖掘生命的内在潜力，同时不断更新自己的知识储备，利用马克思主义的理论知识来审视教育过程中存在的问题，时刻保持活跃的思维，扩展生命教育的维度，探寻生命教育的无限可能。

（2）高校应加强生命教育师资队伍建设

当下高校现有师资团队中，开展生命教育活动方面的专职老师比较欠缺。高校大学生获得的有关生命的教育大多受到该领域教师的数量及专业素质水平的限制。因此，高校应加强生命教育师资队伍的建设。

第一，高校应成立生命教育专职教师队伍。高校应组建生命教育专职教师队伍，以专题形式组织学术交流研究活动，让生命教育专职教师对生命教育的活动、组织管理、途径、内容等方面展开深入学习；同时，可以采取外出访问学习的方式，借鉴其他高校良好的教学案例，做好相关知识体系建设，把学生的活跃思维和专业教学有效融合。

第二，高校要对专职辅导员进行系统化的生命教育培训，并在学生日常生活中贯彻执行。辅导员是在大学生四年学习生活中出现频率最高的人群，他们能够直接与学生进行高效率沟通，学生也比较信赖辅导员。辅导员的言行举止，对学生的生命教育传播过程，对大学生正确价值观的形成有着长期的、潜移默化的作用。因此，对专职辅导员进行系统化的生命教育培训至关重要。

第三，高校应积极引导各个专业的教师认识并了解生命的基本价值，采用以人为本的教学方式，不断提高教师自身的积极性，体悟教师职业的价值与快乐，增强教学的新颖性，推动教育活动的顺利开展，进而在自己的教学中潜移默化地给学生带来价值观上的正面影响。生命教育应被看作一种全人教育，贯穿教学的全过程，只有这样才可以使大学生获得更好的发展。

4.完善新时期大学生生命教育机制

合理、科学、全面的教育机制是保障新时期大学生生命教育内部各要素有序运行的关键。结合新时期"立德树人"的新观念、大学生的时代性特征，从育人机制、动力机制、协同机制三个层面完善新时期大学生生命教育机制，去解决大学生生命教育存在的整体性不够、动力不足、实施不连贯等问题。

（1）建立全面高效的育人机制

育人是教育的根本任务，也是新时期大学生生命教育机制的重点和主要组成部分。新时期大学生生命教育致力于培养有生命张力、生命理想、生命担当的时代新人，这需要全面、高效的育人机制来支撑。

第一，贯彻大学生三重生命发展的育人理念。基于新生命教育的定义，将大学生生命教育的内容体系划分为自然生命的教育、精神生命的教育、社会生命的教育，这样的生命教育内容全面、由浅至深、层层递进，能更好解决当前大学生生命教育面对的内容单薄、重复的问题。要贯彻大学生三重生命发展的育人理念，就要充分发挥思想政治教育理论课的主渠道作用。思政课中本身就包含丰富的生命教育内容，以思政课为新时期大学生生命教育的打开窗口，依靠高校思政课程和课程思政的协同，丰富生命教育的内容和开展形式，传递积极向上的生命价值观。同时，一方面我们要贴近新时代大学生群体特征，以需求为导向挖掘生命教育的内容，不断丰富自然生命、精神生命、社会生命三个维度的内涵，增强新时代生命教育的接受度、认可度。另一方面我们要牢记新时期生命教育的根本目标，以培育具有生命张力、生命理想、生命担当的时代新人为导向，不断激发新时代大学生的生命活力、增强新时代大学生的生命韧劲、提升新时代大学生的生命质量。

第二，要努力实现多方位多层次育人。新时期大学生生命教育涉及多重教育因素，运行复杂，依靠单个教育主体难以实现常态化的生命教育，因此要多方发力、相互促进。一方面我们既要遵循生命教育内在的逻辑，也要关注大学生成长的阶段性特征，在此基础上充分挖掘生命教育的可用资源，建立系统的生命教育体系。另一方面我们也要推动全员育人的实现，充分调动广大学生工作者的积极性，不局限于科任教师、辅导员等。同时，我们既要注重理论教学，也要注重实践育人，从多个维度推动新时期大学生生命教育全员全程全方位育人机制的建立。

（2）建立系统完备的动力机制

要突破新时期大学生生命教育当前面临的实施浮于表面、开展杂乱等问题。只有有了源源不断的动力输出，才能保证新时期大学生生命教育获得可持续、常态化的发展，因此新时期大学生生命教育必须建立系统全面的动力机制。

第一，建立政策引领机制。国家对大学生生命教育的发展具有根本性的指导作用，是新时期大学生生命教育的指挥棒，高校唱什么样的生命乐章、用什么样的声调来唱，都需要国家的引领。大学生生命教育的育人目标、根本任务等，都需要政策的引领，只有这样，才能保障大学生生命教育实施规范、开展高效，才能从根本上解决动力不足的问题。

第二，建立精神动力机制。思想是行动的先导，精神动力机制就是从思想、价值的层面解决动力不足的问题。立足新时期大学生生命教育就是要在教育工作者中形成一种以生命为中心，用教育者的生命去温暖、润泽大学生的生命的价值取向。对于优秀的大学生生命教育者应给予精神方面的鼓励，满足其精神需要，同时也要发挥他们的榜样作用，在教育工作者群体中起到示范、激励的作用。

第三，建立利益导向机制。从现实角度出发，利益的流向在某些程度上会引领事物发展的方向，有了充足的经费保障才能落实工作的开展。为了调动大学生生命教育主体的积极性，使新时期大学生生命教育焕发全新活力，理应增设高校开展生命教育的专项经费。当前高校任务繁多，资源分配本就难以均衡，生命教育在这个情况下很容易被边缘化。因此，需要教育部增设一部分的生命教育专项经费，提供基础设施配套资源，支持生命教育工作者的工作。

（3）建立科学规范的协同机制

新时期大学生生命教育不是独立存在的系统，它的发展不仅受到其自身要素的影响，而且也受外部环境的制约。协同新时期大学生生命教育面临的内外系统，形成步调一致、层次分明的新时代大学生生命教育合力，提升新时期大学生生命教育的运行质量和速度。

第一，促进大中小学生命教育的一体化。因大中小学各阶段学生的成长阶段不同，设置了不同的教育目标、教育内容，但人的成长是阶段性与连续性相统一的，若将大中小学的生命教育完全割裂开，会导致生命教育内容的散乱、碎片化，也会使得生命教育缺乏连贯性。况且生命教育本身最早开始于中小学，中小学的研究基础、实践现状较大学更为丰富，因此实现大中小学生命教育的一体化也有助于推进大学生命教育的发展。新时期大学生自我意识、主体性意识强烈，若不接受系统、连贯的生命教育，而只是单靠散点式教育填充，是很难深入其内心的。

在新时代，要实现大中小学生命教育的一体化，要在顶层设计层面兼顾学生发展的阶段性特征和身心发展的连续性。大中小学各个主体既要依据不同年龄层次的特点，开展具有针对性、差异性的生命教育，同时在课程计划、教育目标、教育方式等方面也要做到相互联系、衔接合理，这样才能保证生命教育循序渐进、稳步发展。

第二，推动家庭、学校、社会协同发力。新时期大学生生命教育的主阵地虽然是学校本身，但学生也同时处于家庭和社会的环境之中，新时期大学生生命教育需要家庭、学校、社会三者联合推进。家庭、学校、社会在大学生生命教育中各有优势，发挥着不同的作用。家庭是个体生命的起源地，为大学生的生命发展奠定基础。对于家庭教育，我们要提升其教育的主体性意识，防止出现有的家长完全将教育责任推脱给学校的现象。家庭教育应与学校联合，而不是躲在教育的边缘，家庭教育意识的培养也是解决新时期大学生出现生命情感淡漠现象的重要途径。大学生不可避免地会独自面对社会，社会环境也会对大学生产生较大影响。要激发全社会对生命教育的关注度、参与度，清除社会的错误思想，抵制不良社会风气，为大学生的成长营造风清气正的社会环境，从而更好地实现新时期大学生生命教育在家庭、学校、社会三个层面统筹推进、同频共振。

二、大学生廉洁教育

（一）大学生廉洁教育的概念

1. 廉洁

廉洁这个词最早出现在战国诗人屈原的《楚辞·招魂》中，"朕幼清以廉洁兮，身服义而未沫"，大意为我年少的时候禀赋清廉的品德，为道义献身不会有轻微减轻。《史记·屈原贾生列传》中讲道："其志洁，其行廉。"洁是一个人内在的价值取向和精神信仰，廉是一个人外在的行为表现及待人接物的重要方法。《中文大辞典》直接引用东汉文学家王逸在《楚辞·章句》中的注释"不受曰廉，不污曰洁"来解释"廉洁"一词：不收取他人无故赠送的礼品钱帛，这叫作"廉"；不损毁自己的清白，不辱没自己的人品，这叫作"洁"。廉指的是清廉，不贪图不属于自己的钱财，洁指的是洁白，意指人生襟怀坦白的态度。《现代汉语词典》中对"廉"的定义："不损公肥私，中饱私囊；不贪污。"

中华优秀传统文化中的关于"廉洁"理念的转化，与党中央提出的反腐倡廉思想形成照应。综上所述，廉洁要坚持以维护人民利益为根本遵循，它不仅指在道德层面上不贪不腐、严谨自律、清正直白的品德修养，而且关涉在法律层面上的约束和规范。

2. 廉洁教育

廉洁作为思想道德品质的基本组成部分，应当成为每个人所必须具备的基本素质之一。人的廉洁品性并不是先天产生的，也不可能仅仅利用短时间的教育就能达到十分明显的效果，它需要经过持续的引导才能够逐渐形成。廉洁教育作为一种教学实践活动，需要教育者依据具体目标，借助教育媒介来引导受教育者形成正确的廉洁观念。目前，学术界对于廉洁教育的定义尚未形成一致意见，被使用较多的是，以廉洁为主题施行教化及培育的教学活动，依照廉洁的理论、制度、生活方式、行为规范等进行教育，引导个体形成相对稳定的廉洁价值观念及行为习惯，营造清廉氛围。因此，廉洁教育指的是教育者依据廉洁理论知识，对受教育者有计划地推广廉洁价值理念，使受教育者养成正确积极的廉洁品质，从而在日常生活中形成良好的生活习惯，树立正确的廉洁观，逐步养成廉荣贪耻的价值观念，自觉践行反腐倡廉的社会实践活动。

3. 大学生廉洁教育

2007 年教育部发布的《教育部关于在大中小学全面开展廉洁教育的意见》，对于大学生廉洁教育的教学目标以及教学内容做出了具体规定："加强社会主义核心价值体系的引领，通过推进法纪教育、诚信教育以及道德教育，组织学习党和国家反腐倡廉方面的相关政策法规，培育大学生形成心怀国家、忠诚于党、忠于人民的思想观念，逐渐引导大学生形成廉洁自律意识，提升抵御腐败风险的能力。"

在大学生廉洁教育过程中，高校作为开展学生教学工作的主要实施者，可以开设专门的廉洁教育课程、在思政课中开展廉洁理论教学以及在其他专业课程中融入廉洁知识。

同时，高校还可以组织大学生开展廉洁实践活动，在活动中培养学生的廉洁品质，使其养成良好的廉洁行为习惯；除了高校，家庭以及社会同样是对大学生进行廉洁教育的育人主体，对学校廉洁教育的开展起到重要辅助作用。例如，家庭中形成的清廉家风、社会中开展的多元的廉洁文化活动，都对大学生廉洁观的养成具有重要的促进作用。进入新时代以来，我国站在了新的历史方位，在这个新的历史方位下开展大学生廉洁教育，必须坚持正确的思想指导，结合当代大学生的特点和需求，不断创新教学形式。

（二）大学生廉洁教育的特征

1. 预防性

中共中央 2013 年颁布的《建立健全惩治和预防腐败体系 2013—2017 年工作规划》指出，对大学生开展廉洁教育有助于他们在未来的学习、工作、生活中保持廉洁自律，形成正确的价值观。可见，预防性是大学生廉洁教育的一个极为重要的特征。大学生是即将踏入社会的群体，是未来党和国家的有力助手和可靠后备军，是实现中华民族伟大复兴目标的中坚力量。大学生廉洁教育正是要力求培养大学生廉洁奉公、真诚踏实的人格品质，借助校园这一平台培养大学生的廉洁意志品质和廉洁行为。

2. 滞后性

大学生廉洁教育是一项系统工程，不是一蹴而就的，具有滞后性。一方面"廉洁"是一种精神品质，它需要学生先内化于心，继而再外化于行。因此，大学生廉洁教育的效果不是当下即刻就能展现出来的，不是一个一蹴而就的过程，它需要经过长时间的锻造和磨炼。另一方面，校园环境与社会环境是有很大差异的，校园环境相对来讲比较纯粹，在这里大学生接触不良诱惑的概率小，没有实践的检验，所以在面对不良诱惑时能否成功拒绝和抵制我们无从得知。因此，廉洁教育的成效与持久力如何，可能需要在大学生进入社会之后，经历不良诱惑的考验才能显现其结果。鉴于此，高校在开展大学生廉洁教育工作之时，必须要把握其所具有的滞后性，以便为之后大学生廉洁教育工作的开展提供具有参考价值的现实依据。

3. 继承性

"廉洁"自古就是先贤做人和为官的基本准则。正如《清碑·官箴》中写的："吏不畏吾严而畏吾廉；民不服吾能而服吾公，公则民不敢慢，廉则吏不敢欺，公生明，廉生威。"由此可见，"廉洁"作为我国的传统美德，具有极大的历史和现实价值，同时高校对当代大学生进行廉洁教育对于继承和发扬中华民族的传统美德也起到了十分重要的作用，使得大学生将传统美德中的廉洁品质内化为自己必不可少的精神品质，并以此来规范自己的行为。由此可见，大学生廉洁教育不仅是对传统美德的继承和发扬，更是对当代大学生的人格养成起到了极大的促进作用。

（三）大学生廉洁教育的现实意义

1.国家加强党风廉政建设的必然要求

作为国家社会主义建设的主力军，大学生是未来党风廉政建设的中坚力量，其思想作风和廉洁状况能够直接映射出当前国家的党风廉政现状。高校作为人才培养的主阵地，拥有丰富的育人资源，担负着对大学生进行廉洁教育和优良作风培养的职责，对高校大学生群体展开廉洁教育是国家加强党风廉政建设的一项奠基性工程。高校在开展大学生廉洁教育的过程中，需要树立正确的政治导向，关注学生的全面发展，深入开展党风廉政建设和反腐败斗争教育。

目前的高校大学生廉洁教育体制机制还有待健全，没有形成完善的教学体系，难以适应学生思想的转变。因而，高校加强大学生廉洁教育、筑牢其自律防线的任务急不可待。以"三全育人"理念为指导，站在全员参与、全程贯穿、全方位联动的育人起点上开展廉洁教育，有利于大学生打好坚实的思想根基，让廉洁自律意识扎根脑海，从而更好地认识党风廉政建设和反腐败问题。

2.营造风清气正政治生态的现实需要

廉洁社会是全体成员崇廉尚洁的社会；是各阶层人员自觉遵纪守法、爱岗敬业的社会；是全员自觉参与反腐败斗争，践行廉洁行为的社会；是使廉洁意识内化于心、外化于行，腐败乱象无处藏身的社会。廉洁教育的目的是从思想源头筑牢不想腐思想防线，通过弘扬崇廉拒腐的价值观，营造清明和谐的政治生态。高校大学生作为现代化建设的新生力量，担当着创设社会主义和谐社会的重任，他们的思想修养、廉洁品行不仅关乎自身的全面发展，更有利于社会主义精神文明建设的顺利开展。营造风清气正的政治生态，通过教育、管理、服务等多方育人，进一步延伸大学生廉洁教育的深度和广度，增强感染力和实效性。开展大学生廉洁教育，不仅有助于净化校园环境，涵养高校风清气正的政治生态，而且有助于建设清廉社会，有助于提升社会整体抵御腐败风险的能力。

（四）大学生廉洁教育的实施路径

1.丰富大学生廉洁教育内涵

（1）增强廉洁认知，夯实理论基础

行动源于认识，正确的认识是形成良好行为习惯的先导。因此，廉洁教育应当以廉洁认识为起点，继而实现其他环节的完善与发展。加大对大学生廉洁认知的培育力度，是要使大学生深刻认识到在面对社会腐败现象的时候，要理性看待，恪守廉洁之基；要充分意识到腐败现象产生的根源所产生的危害性以及在这种形式下开展廉洁教育的重要意义；要能够在本能上自觉远离腐败，崇廉尚洁，不断夯实理论基础，形成正确的廉洁认知；要自觉用习近平新时代中国特色社会主义思想武装头脑、凝心铸魂，以理论上的坚定保证行动上的坚定；要坚持学而信、学而思、学而行，正确认识和处理公和私、义和利、是和非、正和邪、苦和乐的关系，自觉抵制腐败、杜绝腐败、远离腐败。

（2）培养廉洁情感，形成价值认同

增强廉洁认知是起点，但要转化成廉洁行为还需要通过中介来架起二者之间的通路，首先就是要培养高尚的廉洁情感，只有内心认同廉洁，才能自觉用廉洁情感来规范自己的行为。适时引导大学生增强对廉洁意识的认同感，培养其对廉洁的深厚情感，以此来锻造和磨炼大学生的精神品质和道德情操，促使其形成自律自强、适度消费、勤俭节约的廉洁价值观。

（3）锤炼廉洁意志，筑牢理想信念

坚定理想信念是助力青年一代凝心铸魂、廉洁务实的重要一环。坚定的理想信念不会自发产生、自然保鲜，稍不注意就可能蒙尘褪色，需要加强党性锤炼，常思常修。廉洁意志是大学生在践行廉洁行为时所呈现出的为摆脱内部认知障碍和抵御外在阻碍的本能的和自觉的努力，这种努力不是一时兴起的，具有长期性、坚韧不拔的性质。锤炼廉洁意志，能助力青年一代在履行廉洁义务时克服各种困难和阻挠，能预防青年一代在政治上理想信念丧失，在思想上价值观扭曲，在道德上蜕化堕落。

（4）养成廉洁自觉，践行廉洁行为

知而不行非真知，唯有实践出真知。廉洁认知和廉洁意识的形成是廉洁行为长期自觉积累的结果，必须经历一个"知—情—意—行"的循序渐进的转化过程，既不能止步于理论层面，也不能超越理论和情感的积累，贸然将之付诸行动。应当鼓励和推动青年一代在理论积累、情感认同、意识认知已然做好充分准备的情况下踊跃投身于社会实践，不断提高其实践能力，使其能够将廉洁认知和实践相结合，做到知行合一。

2. 坚持把大学生廉洁教育贯穿大学生活全过程

所谓全程化，就是要求将廉洁教育贯穿大学生进校到毕业离校的整个大学生涯始终。推动大学生廉洁教育全过程化，关键要做到以下几点。

（1）合理规划，坚持大学生廉洁教育不断线

首先，根据不同层次学生的培养规律、学生成长规律和廉洁教育工作规律，合理规划并设计各个类别和阶段学生的廉洁教育工作，形成覆盖学生入学、培养计划、课程安排以及毕业入职等全流程的廉洁教育工作规划，打通各阶段的有效衔接。

其次，利用关键环节渗透廉洁教育内容，充分利用学生入学时的军训活动、学生入党前的党课培训、社会实践活动、校外实习活动以及毕业前的就业实习等关键阶段开展更具针对性的廉洁教育工作，关注廉洁育人的持续发展，构建一以贯之的育人机制。

最后，在大学生生活的各个方面营造清廉氛围。反腐倡廉光靠老师在课堂上的讲授是远远不够的，还要求学校加强与相关部门的协作，强化宣传，营造清廉氛围。不仅要重视课堂教学、专题讲座、廉洁征文以及主题演讲等有形的教育引导，而且要使其同校风、学风等无形的氛围熏陶紧密结合。

（2）把握不同阶段的特点，合理设计廉洁教育内容

学生不同学习阶段的廉洁教育的要求也是大不相同的。高校在开展廉洁教育的过程中需要依据新生入学阶段、主体学习阶段和毕业季的不同特征，制定相应的廉洁教育教学计划，保证廉洁教育能够满足不同阶段的需求。

首先，巧用新生教育。新生入学教育是衔接中学廉洁教育和大学廉洁教育的关键环节，在这一阶段，可以加强理想信念教育，通过军训开展大学生行为规范和廉洁修身教育，培养新生树立坚定的理想信念和牢固的廉洁意识。理想信念教育彰显了党的优良传统，习近平总书记多次强调要加强理想信念教育，并对此提出了一系列新的思路和观点。例如，将理想信念比作精神上的"钙"，提出理想信念的四个标准，使其深化于心。大学阶段在学生价值观形成过程中起到关键作用，尤其在刚入学阶段，突出理想信念教育，使学生树立正确的理想信念对其后续的学习生活有至关重要的奠基作用。

其次，抓好中间环节。在大二、大三主体学习阶段开设廉洁选修课，开展廉洁社团活动、廉洁知识竞赛活动、各类典型案例警示教育活动等，培育学生的廉洁观念。第一，以课堂为主阵地开展廉洁教育。在大二、大三阶段，设置相应的廉洁教育选修课程，更具针对性地进行廉洁教育；在思政课中分区块设置廉洁教育专题学习；推进"课程思政"，在各学科课程教学中融入廉洁教育内容，更好地发挥课堂教学的主阵地作用。第二，重视发挥廉洁社团的育人作用。廉洁社团大多是在学校的支持下，学生自主组织的团体。在廉洁社团内，老成员带动新成

员，有利于促进学生自我教育与社团群体教育相结合，充分发挥大学生进行廉洁理论学习的自主性。同时，社团成员在进行廉洁活动的策划、组织过程中，也能更好地进行自我廉洁教育。

最后，关注职前教育。在毕业生的就业培训中融入廉洁教育内容，引导学生树立廉洁从业观。大四处于发展教育阶段，这一时期应当侧重实践教育，抓好活动载体，开展职前廉洁教育。

第一，全方位拓展交流渠道，构建线上就业指导平台。针对毕业季大学生的廉洁教育，可以有效利用网络，变单向信息传递为多方位互动交流，发挥校内校外及虚拟空间的互动合力，运用微博、微信、短视频等多样的方式及时发布廉洁教育信息。例如，搭建网上就业指导平台，在就业指导过程中融入廉洁教育内容，使学生在挑选职业、制定就业规划的过程中接受廉洁教育，同时，将各种职场上的贪腐案例传递给学生，实现廉洁教育信息的多维推送，使大家在相互交流的过程中引以为戒，筑牢远离腐败的思想防线。

第二，构建创新性实践平台，推动校企融合发展，将大学生的廉洁考评加入面试和实习之中，通过与育人单位的合作来帮助学生完成角色转换，增强职前廉洁教育。一是组织开展社会实习活动，深化大学生对社会的全面了解与认识。鼓励大学生积极参与各类岗位的选拔，使其在从事相关工作的过程中，磨炼品性修养和廉洁品格，为正式踏入社会、走上工作岗位积累实战经验。二是深化校企合作。学校要加强与用人单位的合作，在面试的过程中加入廉洁教育内容，将廉洁测评作为面试打分的依据。进入企业实习后，也要将是否做到廉洁自律和廉洁从业、是否遵守企业规章制度等作为实习评价标准。

（3）结合实际，健全不同层次大学生廉洁教育的衔接机制

推动大学生廉洁教育全程化，不仅要在教育时间轴上下功夫，还要在教育的衔接上下功夫。要根据学校的具体情况，合理构建不同层次大学生廉洁教育的衔接机制。

首先，构建一体化课程衔接机制。高校在针对不同层次学生开展廉洁教学时，要制定具有针对性的课程计划，注重不同层次学生教学体系的有效衔接，建成不同层次学生有机衔接、互相协调的廉洁课程教学体系。习近平总书记强调，青少年时期作为人生中性格品质定型的基础阶段，需要正确引导和培养，扣好"廉洁"这颗扣子。再次强调对青少年群体开展廉洁教育的重要性，为"廉洁教育一体化实践研究"指明了方向。课程一体化包括课程编制、课程衔接、课程推进、课程

评估等管理方式的一体化。在引导大学生培育和践行廉洁价值观的过程中，各个层次各个阶段的廉洁教育都是不可分割的有机组成部分。

其次，搭建一体化廉洁教育沟通平台。在互联网飞速发展的今天，高校需要充分利用大数据等新技术手段，搭建廉洁教育云平台以便更好地实现廉洁资源共享。通过大数据，可以有效观察不同层次学生的成长经历，记载他们的实践能力和品德状况，通过互联网有效对育人资源进行分析整合，便于形成更具针对性的教学对策，从而建立全方位的廉洁教育沟通平台，健全廉洁育人保障体系，深化廉洁教育课程内容改革，推动不同层次育人模式的全过程贯通。

3.建立大学生廉洁教育联动机制

廉洁教育是一项长期性、持久性的工作，高校进行大学生廉洁教育，要将学校、家庭以及学生自身全方位多层次地合理规划和利用起来，做到全员参与，联动结合，这样才能使其成效更为显著。

（1）彰显教师廉洁自律示范作用

开展大学生廉洁教育，任课教师这支队伍应当责无旁贷，肩负着重要的职责与使命。承担教育任务的老师首先自身必须廉洁，身教重于言传，这就需要高校党委高度重视、选优大学生廉洁教育师资队伍和管理队伍。要想做好大学生的廉洁教育工作，首先，任课教师需要自身具备较强的廉洁意识，并身体力行，身边的典型是最生动的模范，身边的榜样是最鲜活的教材。其次，任课教师需要充分利用好教学过程，抓准时机向学生传递廉洁知识，旨在培养学生的廉洁意识，塑造学生的廉洁品格。

因此，加强师德师风建设尤为重要，高校可以通过对实施教师进行以师德、专业的知识技能为标准的量化考评，严格选择和任用教师，以此来塑造一批师风师德良好、专业素质过硬的任课教师队伍，为学生架起通往"廉洁"的桥梁。除此之外，高校还可以采取设置廉洁教育专项资金的方式，定期组织和鼓励学校全体教师参观廉洁教育基地，拜访当地先进人物，充分发挥先进典型的引领示范作用，继承发扬焦裕禄、孔繁森、杨善洲等身上的节俭朴素、公而忘私的精神风范，赓续红色基因、坚守革命本色，让大学生学有榜样、行有示范、赶有目标，积极追求美好的思想品德。

（2）提升辅导员在日常廉洁教育工作中的地位

在高校校园里，辅导员是离学生最近，最贴近学生生活的人。因此，高校在开展大学生廉洁教育工作时必须将辅导员这一岗位的重要作用发挥好，充分利用辅导员这一身份的独特优势，提升大学生廉洁教育的成效。辅导员作为对学生进行日常思想政治工作的主体，在工作中要尽可能充分地协调好思想政治教育与廉洁教育工作，统筹兼顾，思想政治教育和廉洁教育的落脚点归根结底都是为了培养德智体美劳全面发展的高素质人才，亦是为了培养社会主义现代化建设所需要的人才。将廉洁教育从课堂教学环节延伸到第二课堂中，根据大学生自身发展的特点，总结大学生发展的规律，辅导员可以围绕他们感兴趣的话题与学院甚至学校共同配合举办廉洁教育相关讲座、报告会等；此外，辅导员还可以借每年的廉洁主题教育活动月，组织学生开展相应的廉洁教育主题班会、廉洁专题书画展、廉洁教育情景剧等活动，通过采取形式多样的活动增强廉洁教育在大学生心目中的感染力和影响力。

（3）优化各职能部门协同育人效能

高校开展廉洁教育，除了任课教师、辅导员能够发挥作用以外，学校的行政部门及后勤服务部门都能够在这项培育工作中发挥出重要作用。行政部门及后勤服务部门的工作人员在履行好各自的岗位职责的同时，应当积极投身于对学生的培育工作，与任课教师和辅导员形成合力，发挥管理育人和服务育人的优势，切实做到整合校园多方力量，协同育人。通过凝聚教学主渠道、第二课堂以及相关职能部门的思想政治教育合力，切实提高廉洁教育的育人成效，形成全员育人的大思政工作格局。为了更好地开展大学生廉洁教育，高校需要充分发挥其引领和组织作用，引导这些行政管理人员和后勤服务人员深度参与到廉洁教育工作之中，从而实现后勤服务、学校管理以及专业教育与廉洁教育工作的紧密结合。只有切实利用好、发挥好学校各方面的优势，动员全校各个部门，将廉洁教育渗透在学校的每一个角落，才能使大学生廉洁教育更好地得到落实，使其效果更加显著，使大学生能够接受到更加多元化和全方位的廉洁熏陶，最终实现开展大学生廉洁教育的目的。

（4）发挥家风家教的陶冶作用

环境在育人过程中起着潜移默化、润物细无声的作用。一个家庭拥有良好家风会对学生成长成才产生积极的促进作用，学生将这种家风带进高校，能够进一步净化和改善高校对大学生进行廉洁教育的环境，为大学生思想进步、道德提升、品格进步提供更加有利的空间。对于孩子而言，最好的教育就是家庭教育，家长应做好榜样，以身作则。

首先，家庭成员的一言一行对于孩子而言是真切且强大的教育力量，它对于孩子品德、性格和行为方面的养成具有巨大作用。这就要求家庭成员在日常生活中要做到不铺张浪费、不互相攀比、不行贿受贿，要注意规范自己的言行，形成良好的家庭风气和氛围，给孩子做好榜样，立好风向标。其次，家庭成员要做到点点处处以身作则。说每一句话、做每一件事，都把是否会对孩子产生负面影响放在首位，这样的家庭环境对孩子的成长成才十分有利，对孩子的廉洁意识的培育也十分有利。孩子只有在良好家风的熏陶下，才能产生"润物细无声"的良好教育效果。中国人自古就十分重视家风家教，以"修身齐家治国平天下"为理念。家庭是个体走向广阔社会的桥梁和基石。现阶段，借助家风家教之利器加强大学生廉洁教育，高度重视优良家风的塑造与传承，方能发挥家庭教育对大学生廉洁教育的促进作用。

（5）激活学生廉洁意识内驱动力

高校应当深刻了解大学生的身心发展规律，悉知大学生是拥有独立人格的个体，大学生已经拥有独立分辨和接受某些事物的能力，因此对其进行廉洁教育时，要抓住大学生的特点，充分发挥他们的主体自觉性，激活大学生廉洁教育的内驱力。在大学生廉洁教育中，大学生作为受教育的主体，应具备自觉主动接受廉洁教育的意识，提高自身的学习能力，培养自身的廉洁意识，唯有大学生自觉参与到廉洁教育的行列中，才能使得这项工作精准对接，落到实处。这就要求作为拥有独立人格和主体自觉性的大学生，时刻做到对自己"高标准、严要求"，时刻保持警醒，时刻泰然自若。在自己跟自己相处的时候，应该做到慎独；在面对生活琐事时，应该做到慎微；在与人进行交流的时候，应该做到慎言；在落实行动的时候，应该做到慎行。

此外，大学生作为社会主义事业的建设者和接班人，应该自觉意识到廉洁对于个人人格塑造、社会发展以及国家建设的重要性。一方面，大学生应当自觉做到在努力学习科学文化知识、夯实理论基础的同时，积极培养自身的道德素质和意志品质。另一方面，大学生要做到主动接受廉洁教育。大学生作为廉洁教育的对象，应当积极主动地参加学校举办的各类廉洁教育活动。

三、大学生生态道德教育

（一）大学生生态道德教育的概念

1. 生态道德的含义

生态道德，也称为"环境道德"或者"大地道德"。生态道德是道德范畴的一个重要的组成部分。生态道德体现人类保护生态环境的道德要求和规范。生态道德，是人类社会必须共同遵循的普遍信念。

2.生态道德教育的含义

关于生态道德教育的内涵，有许多不同角度的阐述。根据中国知网（CNKI），对"生态道德教育"的概念阐述比较早的有刘惊铎和王磊两位学者，他们在《教育评论》1998年第5期上发表了《生态德育及其跨世纪意义》，次年又进一步补充了生态教育的价值研究成果。他们认为，生态道德教育是指教育者从人与自然相互依存、和睦相处的生态道德观点出发，引导受教育者为了人类的长远利益和更好地享用自然、享用生活，自觉养成爱护自然环境和生态系统的生态保护意识和相应的道德文明行为习惯。后来学者对"环境道德教育"的特征进行阐述，认为环境道德教育是认清价值和澄清概念的过程，是改造价值观、塑造"生态人格"、培养环境意识的深层教育，是素质教育和人格教育、社会教育和全民教育、继续教育和终身教育的统一体。还有学者认为，生态道德教育要拓宽道德教育的领域，充实道德教育的内容，不仅要注重调节和规范人与人、人与社会之间关系的道德教育，而且要重视调节和规范人与自然之间关系的道德教育。

生态道德教育是指人们在社会文明发展过程中提出的新的德育观和新的德育方式。生态道德教育的目的是不仅要对人的社会行为进行评价，对人的自然行为也要进行伦理评价，不仅要正确处理人与他人、个人与集体、人与社会的利益关系，还要正确处理人与自然的关系、短期与长期的关系，使人们学会热爱自然、热爱生活、享受自然、享受生活。

（二）大学生生态道德教育的理论基础

1.马克思和恩格斯的生态思想

生态道德的核心就是人与自然的关系问题。马克思、恩格斯虽然没有对此做过专门的论述，但是他们的许多著作中都包含着丰富的生态思想，其中不乏对人与自然关系的辩证分析。概括来说，主要有以下几点。

（1）自然界于人具有先在性

在人类出现以前，自然就已经存在，并且自然界是独立存在的，人却并不能独立存在。这一点马克思、恩格斯早就指出过，人类本身就是作为自然界的产物而存在的，并且是伴随着自然界的发展而发展的。实际上，人类和自然界的其他任何存在物一样，不仅存在于自然界，连身体都完全地属于自然界。正是自然界的先在性，使这种存在本身成了人生存发展的前提和基础，因为它拥有人类生存发展所需要的所有生产生活资料。这就导致本质属性是社会性的人，身上的一切不可避免地兼具了自然属性。正如马克思所说的："自然界，就它自身不是人的身体而言，是人的无机的身体，人靠自然界生活。"这实际上告诉我们，要认识到自然界本身存在的意义和价值，这个意义和价值是针对人类来说的。离开了自然界，我们将无法生存，保护作为"人的身体"存在的自然界就是在保护我们自己。

（2）人和自然具有相互性

这种相互性表现在：一方面，自然界的存在是人存在的前提，人在肉体上必须依靠大自然提供的物质资料，离开了这些就无法生活。自然界中的一切生命体都有其存在的价值，人类不高于或优于它们，更没有权利随意破坏。所以，首先我们应该以平等的态度对待自然界；其次要尊重它的运行规律。虽然都生存于自然界，但不同点是其他物种是直接地存在于自然界，而人是以实践即劳动为联结，与自然界获得联系，进行各种生活物资的交换。在这个过程中，人必须按规律行事，不能肆意妄为，因为无数次的事实已经证明，一旦我们的行为或实践活动有违大自然的规律，那我们必将为此付出代价。另一方面，这不代表我们在自然界面前只能被动地接受。相反，我们对自然界的整个支配作用，就在于我们比其他一切生物强，能够认识和正确运用自然规律。

正是这种主观能动性，让我们在面对规律时不至于束手无策，相反可以改造规律，为我们所用。马克思、恩格斯的思想其实体现了处理好人与自然关系的关键就在于人如何发挥主观能动性。所以，人类应该根据对客观规律的认识不断调整自身的行为，做到时刻按照客观规律办事。

（3）人与自然对立统一、协调发展

马克思和恩格斯认为，为了生存，人们必须通过劳动与自然界进行物质交换。在这个交换过程中，人在不断地改造自然，使越来越多的自在自然变成人为自然。同时，人又依靠从大自然获取的资料实现多方面的变化。这样一来人与自然就不再是毫无联系、单纯对立的个体，而是成了相互影响、不可分割的一个整体。这进一步告诉了人们大自然和人类是共融共生的，面对自然界，人不能随心所欲、为所欲为，必须遵守自然界的规则。

所以，早在一百多年前，马克思和恩格斯就提出了人类应该努力促成与大自然的和解，只有这样才能保证双方的对立统一和协调发展。这就表明，要想长久地生存下去，必须保持人与自然的协调统一，一旦打破了这种统一，人类就将面临威胁。马克思和恩格斯是伟大的无产阶级革命家，我们今天面临的生态危机要远比他们所处的 19 世纪更严峻，但他们早就为我们正确揭示了人与自然之间的辩证关系，指明了解决问题的方向。马克思、恩格斯的生态思想在今天看来仍然有十分重要的价值，都依然发挥着重要的指导作用。

2. 中国传统生态智慧

在我国传统文化中，包含着古代先哲丰富的生态智慧，其中以儒家、道家和佛教为代表的生态文明思想融入了中国文化的体系当中，其不仅发挥积极的生态保护作用，而且也促进了生态道德教育的发展。

（1）儒家生态道德思想

儒家的生态道德思想主要表现为"天人合一"的认识论，宋儒张载在《正蒙·乾称篇》中说："儒者则因明致诚，因诚致明，故天人合一，致学而可以成圣，得天而未始遗人。"这一方法论深刻阐述了人与自然和谐共生的关系，天即自然，人与自然万物息息相关，人也是自然万物之灵。《论语·述而》中说"子钓而不纲，弋不射宿"，其对人与自然万物的相处提出了相关要求，提倡人不能使用过分的方式掠夺自然资源。这都对当下我们与自然和谐相处提供了宝贵的理论经验。

（2）道家生态道德思想

道家思想中同样也蕴含可借鉴的生态智慧，其主张"万物齐一"的生态整体观念。正如老子所说的："道生一，一生二，二生三，三生万物。万物负阴而抱阳，冲气以为和。"其表达了万物皆为一个整体，既相互影响又相互促进。庄子也说"天地与我共生，万物与我为一"，其表示天地万物，包括人，都是一个整体。总的来看，道家的相关思想论述中，人与天地万物共同组成一个有机整体，人源出于自然并统一于自然，在"道"的统领之下，在自然所赋予的条件下生存和发展。其相关思想体现了人与自然息息相关、命脉相连的思想，这同时也是当下生态道德教育所需培养的意识。

（3）佛教的生态道德思想

佛教主张众生平等，其不以人类为中心的思想为当下生态道德教育的发展提供了一定的借鉴意义。英国学者汤因比曾对佛教的众生平等做出了阐释："宇宙全体，还有其中的万物都有尊严性。它是这种意义上的存在。就是说，自然界的无生物和无机物也都有尊严性。大地、空气、水、岩石、泉、河流、海，这一切都有尊严性。如果人侵犯了它的尊严性，就等于侵犯了我们本身的尊严性。"佛教以其独特的见解，同样形成了人与自然和谐共生的情景，也形成了佛教对生态道德行为的践行。

（三）大学生生态道德教育的重要意义

《新时代公民道德建设实施纲要》中指出，要"积极践行绿色生产生活方式。绿色发展、生态道德是现代文明的重要标志，是美好生活的基础、人民群众的期盼"。这也说明加强大学生的生态道德教育顺应了中国发展的实际，顺应了人民的需求。大学生生态道德素质的提高，有利于他们真正转变观念，不论是对大学生本身、对我国高等教育的发展，还是对生态文明建设都影响深远。

1. 生态文明建设的人力资源保障

当前我们正努力地向生态文明时代迈进，人们的需求也已经不单单是物质方面，而是更加注重生活质量的提高和精神上的充实。进入新时代以来，国家大力推进生态文明建设就是要满足人们对优美生态环境的需求。加强生态道德教育，能够为我国的生态文明建设提供大量的人才资源。

习近平总书记在党的十九大报告中指出建设生态文明是中华民族永续发展的千年大计，功在当代，利在千秋。在党的带领和全国人民的共同努力下，我们已经取得了一些成绩，但是离建设美丽中国的目标还有一定距离，生态文明的建设还有很长的路要走。大学生生逢盛世，是一群富有创造力的新生力量，他们在社会上有着不容忽视的影响力和号召力，将会在各行各业发挥带头作用。如果他们没有一个较高的生态道德觉悟，那么我们的生态文明建设就会缺少宝贵的人才，加强大学生的生态道德教育，就是在培养未来生态文明建设的引领者。高校是主要的人才产出基地，为了满足国家和社会发展的需要，应该发挥自己的资源优势，培养出一批批具有生态德性的高标准人才，充实到社会的各行各业中去发挥带头作用。

2. 落实教育目标的内在要求

《中华人民共和国教育法》规定了我国高等教育的目标和使命就是要为社会主义现代化建设服务。在全国高校思想政治工作会议上，总书记强调了"要坚持把立德树人作为中心环节，把思想政治工作贯穿教育教学全过程"。那么与此相适应，我国高校应该时刻清楚自己的教育目标和办学初心，坚持育人为本、德育为先。当今时代背景下出现的种种生态环境问题反映出了人们在对待自然上缺少应有的道德关怀，也反映出了当前的德育存在局限性，这有违我国教育一贯坚持的德育为先、立德树人的原则。如此一来，把道德的范围从人类社会拓展到整个自然界，使自然也成为我们关怀的对象就成了当下的迫切需求。所以说，提高大学生的生态道德素质，将其纳入培养目标中，并在德育总目标中明确体现，是落实我国高等教育目标的内在要求。

3. 增强思想政治教育实效性的重要举措

道德不是一个一成不变的概念。不同阶段人类的道德状况从侧面体现着人与自然的关系。生态道德就表明人与自然的关系到了一个新阶段，更标志着人类道德发展到了一个新的阶段。那么我们的德育也应该随着人类道德的发展而发展。思想政治教育的任务就是要提高大学生的道德素质，当道德领域拓展后，思想政治教育的内容也应该随之丰富和发展。但是，当前的思想政治教育更多的是注重大学生社会人格的完善，却忽视了生态人格的培养，没有跟上道德发展的速度。当思想政治教育跟不上社会发展的速度，无法解答学生内心中的困惑时，它培养人格的重要功能将会减弱甚至消失。高校开展生态道德教育有利于思想政治教育的内容与时俱进，始终具有实效性。

4. 完善大学生道德素质的有力补充

在飞速发展的 21 世纪，中国特色社会主义现代化的建设更加需要高质量、高素质的人才。环境道德教育是一种素质教育、人格教育，谁也不能否认环境道德是现代人的重要素质之一，是人格高尚的一种表征。而传统的道德指的仅仅是孝亲敬长、尊师重道等这些体现人的社会属性的品德，人所具备的自然属性决定了我们在与自然界相处时也应该具备基本的道德。因为现在意义上的"德"有了更大的范畴，只有当人们把自然也作为自己的道德关怀对象时，才具备真正意义上的"德"。加强大学生的生态道德教育，适应时代发展的需要，让他们面对人类社会可以具备人际道德，面对自然界时也能具备生态道德，实现真正的全面发展。

（四）大学生生态道德教育的实施路径

1. 提高生态道德教育的价值认识

高校生态道德教育开展的成效与高校的重视程度密切相关。进一步优化高校生态道德教育环境是提高大学生生态道德意识及培育生态道德行为以助力生态文明建设的第一要素。

（1）提高生态道德教育的地位认识

新时代生态文明建设已不仅仅需要依靠科技力量，其更需要整个社会生态道德水平的不断提高。大学生群体作为社会当下及未来发展社会主义的中坚力量，其生态道德水平的高低将影响生态文明建设进程的快慢。因此，高校作为大学生的培育平台，其生态道德教育开展的成效将间接影响我国的生态文明建设，生态道德教育内容的设置及课程的安排则成了高校做好生态道德教育的重中之重。

首先，讲好生态道德教育必修课。高校要培养新时代高素质的生态人才，首先应该讲好生态道德教育等思想政治理论课。当下，高校生态道德教育课程的主要内容为学习"思想政治理论课"的知识内容，相关学习内容章节较少，且较为零散，这就需要思政教师紧跟生态发展形势，在课程传授过程中有效结合新时代建设美丽中国的新思想、新战略，凸显出生态知识与现实生活的紧密联系。有条件的高校还应积极开设"生态人格"等类似课程，让大学生不仅要学会生态道德知识，还应践行生态文明行为，促进生态文明的发展。

其次，配齐生态道德教育的选修课。生态道德教育的必修课程主要为"思想政治理论课"等每个大学生都必须学习的基础性课程。思政专职教师在讲授相关课程时，难以有效地与所教授学生的专业相结合。在生态道德教育的必修课程教学存在局限的情况下，根据学科的不同，配齐与不同学科相结合的生态道德教育选修课程将大大地提升大学生在生态道德学习上的积极性。大学生在学习生态道德知识时，可以主动根据自己的专业或兴趣选择有利于自身发展的生态知识，这不仅有利于生态知识与学科发展的有效结合，还能够促进各学科大学生在日后的生活工作中更好地践行生态行为。

最后，挖掘生态道德教育资源。习近平总书记曾指出："要坚持显性教育与隐性教育相统一，挖掘其他课程和教学方式中蕴含的思想政治教育资源，实现全员全程全方位育人。"现今，各大高校所涉及的学科门类数不胜数，各学科门类下的专业及研究方向更是五花八门，公共必修课程及选修课程未必能够满足如此多的学科、专业对生态知识的需求，而基础性的必修课也往往仅在大学一年级开设，生态道德教育课程难以贯穿学生大学生涯的全过程。因此，挖掘各个专业课程中的生态道德要素，在专业课程中渗透生态道德知识，站在各专业教授、专家的角度将生态知识与专业知识有机结合，让大学生多角度地了解专业知识和生态知识，这将成为高校培养符合生态文明建设需要的综合化人才的重要举措。

（2）生态道德教育师资的核心价值

高校生态道德教育开展得好与坏与教师队伍的水平息息相关。高校在设置好生态道德教育内容后，还应重视生态道德教育的教师队伍建设。

生态道德教育的教师队伍建设影响着生态道德课程效果的呈现，教师除提升教学能力外，还应投入情感。

第一，高校应该帮助生态道德教育教师队伍提高教学能力，保证教师在传授课程内容前，已经把所讲授的课程内容钻研理解透了，避免在一知半解的情况下对学生进行教学，导致教学成效大打折扣。高校一方面可以定期举行校内生态道德教育教师队伍经验研讨，促进教师教育水平的提升；另一方面也可以聘请生态道德领域的专家进行系统的专业课程培训，使校内教师接受外部专家的先进教学理念。对于其他学科教师队伍，高校应整合校内资源，每年定期进行相应的生态道德课程教学培训，提升各学科教师队伍的生态道德教学能力，全方位增强全校教师的生态道德意识。

第二，高校应该引导教师构建活力课堂、生动课堂。大学生能否投入生态道德教育学习的氛围中，很大程度上取决于教师的情感投入。活力而又生动的课堂，不仅能够使大学生融入生态道德课程，而且也能够让教师通过自己的亲和力，将积极、乐观向上的心态带给学生。从古至今，师生之间都有言传身教之说，当下课堂上教师的言谈举止，也都将潜移默化地影响每一位大学生。因此，高校应该引导生态道德教育教师队伍在授课过程中避免"照本宣科"，通过引经据典，生动讲授生态道德教育课程，给大学生树立良好的教师形象。

（3）提高大学生对校园生态文化的价值认识

建设一个有着浓厚生态氛围的校园环境，提高大学生对校园生态文化的价值认识，是高校推进生态道德教育的关键要素。作为高校大学生最主要的生活、学习场所，高校校园的生态环境将直接对大学生生态行为习惯的养成起到重要的感染和熏陶作用。因此，我们不仅应该建设校园物质生态环境，同时还应该丰富校园的生态文化活动，让大学生不仅身处绿色校园，还能感同身受地自觉践行生态文明行为。

一方面，要不断改善校园的物质文化环境。校园物质文化环境的建设，不仅仅是扩大校园绿化面积，增加校园绿化标语，而应该将校园的建筑物与生态学相结合，在保证美观的同时，通过校园的整体布局和建筑物的造型，来传达生态美学。同时，这些建设和规划的布局都要遵循生态规划理念，建筑材料上应主要采用绿色环保的材料，硬件基础设施要简约且实用。在此之上，学校应结合国家政策法规、城市地方法规，结合自己学校发展的实际情况，创造条件让学生养成生态行为。例如，在每个校园宿舍创造垃圾分类的条件，开展垃圾分类管理。在每栋校园宿舍楼设置自习室，合理优化学校教学楼晚自习教室的使用，在便利学生学习的同时做到节约节能等，这些细节都能让学生在校园学习生活中体会到绿色生活方式的美好，习惯并融入绿色生活方式之中。

另一方面，要努力创建健康积极的校园精神文化环境。高校校园精神文化环境体现在高校教师与大学生的精神面貌、学校形象、校风、学风等方面，其在生态道德方面的表现形式为高校教师和学生在校园精神文化环境影响下的生态行为。校园精神文化是无形的手，良好的校园精神文化有利于大学生正确认识生态道德意识，培育生态道德行为。校园精神文化环境是一所学校的底蕴所在，其潜移默化地影响着全校师生的生态行为习惯。同样的，全校师生良好的生态行为习惯，将会营造更美好的校园精神文化环境。在这其中，通过正确的引导，开展各式各样的生态教学活动，将会带动整个学校形成良好生态氛围，强化高校大学生的生态道德意识。例如，创办环保社团，宣传世界环境日及环保知识；举行以环保为主题的辩论赛、演讲比赛、知识竞赛等各类活动，逐渐提高大学生对生态行为的认可。

2.完善生态道德的基础教学体系

任何一种教育要想真正发挥作用，收到令人满意的效果，基础建设必须牢固。对此，我们要提高认识、更新观念，完善课程教材，加强师资队伍建设，让生态道德基础教学体系不断完善化、规范化、科学化。

（1）学习习近平生态文明思想

习近平总书记针对我国的生态文明建设提出了一系列的新观点和新看法，并在实践中得到了不断的丰富和发展，形成了习近平生态文明思想。它深刻回答了为什么建设生态文明，建设什么样的生态文明，以及怎样建设生态文明等重大理论问题和实践问题，是建设中国特色社会主义生态文明的行动指南。它不仅是我国建设生态文明的指导思想，更成为我们党的执政理念，同时为全球生态治理贡献了中国智慧和中国方案，受到越来越多国家的认同，具有重要的时代意义和现实意义。

习近平生态文明思想为我们开展生态道德教育提供了物质、精神、制度等方面的土壤。学习习近平生态文明思想对提升大学生生态道德素养，实现高等教育的内涵式发展有重要作用。大学生的生态道德教育是一个长期的动态过程，始终需要正确的思想做指引，积极学习和贯彻习近平生态文明思想，能够保证大学生在认识上紧跟党和国家的步伐。同时，习近平生态文明思想本身就包含了很多处理人与自然关系的智慧，通过学习，学生不仅能提高与自然和平相处的能力，更能增强对习近平生态文明思想的认同感，提高自己的思想觉悟，坚定建设生态强国和美丽中国的自信心，增强责任感与使命感。对此，高校应该重视思想建设，加强顶层设计，以习近平生态文明思想为指导，帮助学生及时掌握国家最新理论动向和相关举措。学校也可以以知识竞赛、主题演讲等活动形式，鼓励大学生主动学习了解习近平生态文明思想，还可以举行宣讲会、交流会，让学生分享自己的心得体会。通过多种形式的学习，让学生能够真正地了解、认同并践行习近平生态文明思想。这是改变学生观念、提高认识的有效方法。

（2）加强生态德育课程和教材建设

课程和教材可以说是高校生态德育的基础。课程安排是否合理，内容是否全面得当直接影响着教育目标的实现。任何一种教育的第一步都是进行理论教育。如果没有理论基础做保障，那么接下来的教育就很难有说服力。教材就是最有力的工具，而课程是教材发挥作用的形式。因此，高校必须重视这两者的建设。

第一，要重视课程的改革。2019 年的《新时代公民道德建设实施纲要》提出，"绿色发展、生态道德是现代文明的重要标志，是美好生活的基础、人民群众的期盼"。与此相适应，高校应该调整目前的课程体系，把生态道德教育纳入其中，设置公共必修课，同其他必修课一样设置学分和课时。这样学生可以在较短的时间内接受系统化的学习，取得不错的成效，这是最直接有效的途径。选修课作为必修课的延伸，可以满足不同专业不同程度学生的需求，起到很好的辅助教育作用。学生可以根据自己的兴趣选课，这样可以帮助学生拓宽视野，扩大知识面，从多种角度深入理解人与自然的关系。课堂形式要灵活多样，可以是课堂讨论、小组辩论、观看影像资料等，让全部学生参与进来，提高他们的积极性，引起他们对生态道德问题的关注。

第二，要重视生态道德教育的教材建设。针对生态德育教材和读物普遍缺少的情况，高校应聘请专家，制定教学大纲，加快编写教材。教材的编写要和生活实际相联系，不能全都是抽象的知识，而应该结合国家最新政策和社会的热点问题，使教材通俗易懂，方便学生理解吸收。另外，也要吸收国外的有益成果，国外开展生态道德教育的时间长，积累了很多经验，值得我们借鉴。

至于教材的内容首先应该包括基本的生态道德教育理论，要有基本的生态常识、环境污染的危害、保护环境的重要性，以及人与自然的辩证关系等内容。其次还要结合我国的现状和生态文明建设的进程，引导学生去分析当前存在的问题，并尝试提出自己的看法，把学生的思维引到提高生态道德素质上来。

（3）打造高素质的生态德育师资队伍

教育大计，教师为本。好老师是办好教育的必备前提。教师作为教育的直接实施者，与学生相处时间最长，影响力也最大，教师的教育观念和自身素质最容易对学生产生潜移默化的影响。高校教师要坚持教育者先受教育，努力成为先进思想文化的传播者、党执政的坚定支持者，更好地担起学生健康成长的指导者和引路人的责任。但是从当前高校的教育体系看，并没有专门的生态德育教师队伍，生态道德教育的开展大都靠思想政治理论课教师。

为此，高校要加强对现有教师的专业能力培训，尽快建立一支素质过硬的生态德育教师队伍，提高生态道德教育的专业性。也可以聘请一部分政治素质高、教学经验丰富、造诣较深的专家充实到大学生生态道德教育的队伍中去，发挥其专业特长。另外，还要注意其他专业教师生态道德素质的培养。生态道德教育不单单只存在于思想政治理论课上，它可以渗透到各个课堂上，这就需要其他专业的老师也要具备一定的生态道德素养。高校要针对全校教师开展培训，提高整个学校师资队伍的生态道德水平。学高为师，身正为范。一个学校教师整体的生态道德素质可以从侧面反映出这个学校学生的生态道德素养。

所以，不论是不是负责生态道德教育的老师，都应该提高自身的生态道德水平，只有这样，才能在日常的教学过程中对学生产生潜移默化的影响。此外，高校也应把生态道德素养纳入教师考核的测评标准，激励教师自觉提高自身的生态道德素质。高校之间还可以经常组织教师进行学习交流，分享经验，提高教学水平。

3. 完善生态道德教育制度体系

当前，我国的生态道德教育制度依旧存在重知识、轻素质的状况，高等教育招生规模现处于快速扩张阶段，其教学质量的提升无法跟上招生规模的扩张，各高校应持续推动教育制度体系改革创新，全面落实立德树人根本任务。

（1）将生态素质纳入师生素质考核指标

生态道德教育成效需要严格的规章制度进行保驾护航，无论是教师还是学生，每个个体的行为都容易受到外界的影响，各个学校校园生态文化不一，课程实施安排不一，教学内容不一，这些都将影响大学生的生态道德意识。规章制度就是在这之前的一个保障，它可以有效提高高校整体校园生态文化的起始点。因此，高校可以结合学校校园生态文化状况、生态道德教育教学体系情况和学生专业分布情况等，科学地制定行之有效的素质考核评价机制，从而提高全校师生的生态道德素养。

首先，建立针对全体教职工的生态考评制度。一方面，高校的教职工是天然的教育力，其行为举止潜移默化地影响着大学生，促进高校全体教职工不断提高自身的生态道德素养，就能有效提高高校生态道德教育的开展成效。因此，高校可以开展相关学习、培训等，确保教职工都能够领会生态道德知识，促进高校生态的正循环。另一方面，对生态道德教育专职教师的教育实施开展情况进行全生命周期管理，定期进行阶段性评价。将专职教师的教学方式、教学计划实施情况、课堂教学效果等纳入其考评制度，这能更充分地调动专职教师的教学积极性，更好地完成生态道德教育课程的教学。

其次，建立学生生态素养考评制度。当前，对大学生的综合素质评价往往仅考虑其在学校的学习情况，未能真正充分体现其包含生态道德素养在内的综合化素质情况。一方面，学校可以将参与生态道德教育实践活动作为学生评优评先的最低门槛，同时在评优评先中加大生态道德教育系列理论课程成绩的权重比，这将有效督促大学生认真学习生态道德知识，有利于提高学生的生态道德意识。另一方面，把学生在校期间参与和组织的生态道德教育活动作为考核指标，纳入大学生综合素质评价考评的加分项。这样能够促进学生自发地组织建设生态社团，积极地参与和生态有关的比赛及活动，促进学校校园生态文化良性发展。大学生理论课程、实践课程与日常生态活动的结合，可以有效考察大学生的生态道德素养，更是检查大学生是否具备综合化实力的重要依据。

总之，大学生涯是大学生树立价值观、人生观、世界观的重要阶段。通过切实可行的规章制度去引导和规范高校大学生学习生态道德知识，融入生态道德环境，提高生态道德意识，能够帮助大学生树立正确的价值观、人生观、世界观，也将为我国的社会主义生态文明建设添砖加瓦。

（2）统筹区域内的生态道德教育资源

当前，我国的教育体系依旧存在着城乡区域发展不平衡，人民群众教育需求差异性较大，社会参与度不足，政府行政管理缺位等现象，这在生态道德教育的发展中同样存在。在新时代背景下，生态道德教育资源的不均衡不协调等因素已无法满足人民向往美好生活的环境需求，也无法满足建设美丽中国的发展要求。因此，由政府层面主动统筹各区域生态道德教育资源对新时代发展生态道德教育具有重大意义。

首先，各级政府部门应通过行政手段制定有利于生态道德教育协同发展的制度方针。生态道德教育作为基础教育，其不仅将深刻影响每一个人的人格魅力，同时也将影响我国美丽中国发展目标的实现进程。习近平总书记在2018年9月10日的全国教育大会上指出："深化教育体制改革，目的是提高教育质量。要着眼于'教好'，围绕教师、教材、教法推进改革，探索形式多样、行之有效的教学方式方法，切实在素质教育上取得真正的突破。"当前，各大高校都在努力提升生态道德教育质量，但受限于区域内各高校资源配置不平衡，仍有较多高校无法配齐生态道德教育教师队伍，存在教育经费挪用等情况。习近平总书记曾指出："各级党委要把思想政治理论课建设摆上重要议程，抓住制约思政课建设的突出问题，在工作格局、队伍建设、支持保障等方面采取有效措施。"高校生态道德教育是思想政治理论课的重要组成部分，各级政府部门应制定相应政策方针，统筹推进区域内各大高校生态道德教育课程一体化建设，鼓励、引导区域内生态道德教育资源优厚的高校对生态道德教育资源相对薄弱高校进行扶持，积极推动各级政府部门负责同志、地区党委讲师团与高校沟通交流，参与高校生态道德教育课程的建设。当然，各级政府部门出台各项政策方针要落到实处，切实可行，不论是在教育资源配置上合理的再分配，还是在教育经费配置上合理的再分配，都应该在政策实施前进行实证调研，避免扰乱高校现有的正常的教育教学秩序。

其次，各大高校应以开放、包容的姿态共享其拥有的生态道德教育资源。一方面，各区域内的高校可在生态道德教育课程上互相开放选修课程、实践课程，以弥补各高校自身条件存在的不足。近年来，北京大学与清华大学互相开放部分本科课程且承认学分，得到了两校师生及社会各界的普遍认可，这对高校共享生态道德教育资源具有一定的借鉴意义。各区域内的高校统筹教育资源，各自合理开设符合本校条件的课程，同时区域内的高校生态道德教育课程互选互认，将有利于各大高校充分发挥自身优势。另一方面，各区域内的高校应共享在生态道德教育上的课程经验，各高校原先在如何搞好生态道德教育，如何培育大学生群体的生态行为意识上都做了一定的探究，经验、方法的共享，将有利于提升整个区域内高校大学生群体的生态行为意识。

总之，无论是各级政府部门，还是各大高校，其推动生态道德教育课程建设的目标是基本一致的。有关部门各负其责，全社会协同配合，将有助于推动全党全社会办好生态道德教育课程，形成良好的绿色生态氛围。

4.落实生态道德教育的实践

自己亲身实践所获得的道德体验比任何说教都要深刻和鲜活。生态道德教育所具有的实践性也要求高校必须提高对生态道德实践教学的重视，让学生通过自己的亲身参与建立对大自然的深厚感情，自觉做到与大自然和谐相处。

（1）注重开发生态道德教育实践资源

生态道德教育不能只讲理论而脱离实践。生态道德教育成果要在教育实践过程中进行检验升华，这是高校大学生综合素质提高的必经阶段。因此，高校除了要重视理论课堂，也要重视开展生态道德的实践教学。目前，大部分学校的实践教育资源相对缺乏，这也是实践活动少的一个原因。为了保障实践活动的顺利开展，高校应该加大经费投入，注重开发生态道德教育的实践资源。

首先应该完善校内的生态道德教育资源。比如购买各种仪器设备，保障教学活动的顺利开展。还可以在校内创办生物角，模拟整个生态系统。让学生感受大自然的运转过程，看到人类在其中的作用，正确认识到人与自然到底是一种什么样的关系，从而更直观更清楚地领略大自然的神奇，加深对大自然的感情。学校要增加对生态道德教育经费、实践调研经费的投入，保障活动的顺利进行。

同时，还要注重开发校外的生态道德教育资源。比如可以根据本地的实际情况和生态资源与社会、企业合作，把当地的一个或者几个生态园、生态示范区划立为生态道德教育实践基地。学校定期组织学生参观游览，让他们切身体会一个优美的生态环境对人们的生活有多么得重要，激发他们自觉保护环境的意识。学校还可以投资建设专门的生态环境体验中心，通过模拟不同状态下的生态系统，让学生感受生态失衡环境下的生活是什么样子，从而更深刻地理解为什么要维护生态平衡，为什么要接受生态道德教育，让他们自觉提高思想觉悟，主动接受生态道德教育。

（2）积极开展丰富多彩的校园生态活动

生态道德教育是一种养成性教育，它的鲜明特点就是在学中做，在做中学，这也进一步决定了它必须走出课堂，走向实践。校园实践活动是一种最常见最便捷的实践活动，学校是学生的集合地，在学校开展的实践活动学生的参与度最高。学校要创造校内实践的机会和条件，让学生在参与活动的过程中不知不觉地提高自己的生态道德素养。

首先，学校可以充分利用一些特殊节日进行宣传普及。比如在植树节让学生亲自植树，让学生认识到树木的重要性，自觉爱护树林，对一些乱砍滥伐的行为勇于制止；在世界环境保护日和地球日播放视频资料，宣传环保的意义，让学生自觉爱护地球、保护唯一的生存家园；在世界水日通过视频等形式宣传，让学生知道世界上仍然有许多地区和国家严重缺水，明白水资源的宝贵，节约用水。

其次，学校可以定期开展校内环境保护活动。比如举行垃圾分类知识竞赛，让学生自觉进行垃圾分类，懂得资源回收，变废为宝；举办生态环保知识竞赛，让学生了解更多的生态知识。学校还可以设立保护环境志愿者协会、社会联合会等。社团是大学生参与实践活动的主要渠道，因此，学校可以通过成立社团集结一批热衷环保事业、热爱大自然、生态道德觉悟高的学生，在校内进行宣传。这样既锻炼了他们的实践能力，又可以通过他们的活动带动其他学生加入，从而感染和影响更多的学生。这不仅丰富了大学生的校园生活，还增强了他们的生态道德意识。

最后，学校还要注意发挥学生在实践活动中的主体地位。比如可以设置留言板，让学生对建设绿色校园建言献策，学校要认真收集整理，采纳有益的建议。这样可以让学生感觉到学校的重视，激发自己的主人翁意识。在这个过程中既加深了对学校的热爱，美化了校园环境，也使自己得到了锻炼。

（3）鼓励学生参与社会生态实践活动

作为校园实践活动的延伸，社会生态道德实践相对于学校活动来说没有那么多的限制，自由程度和不确定性更高，同时也更能锻炼学生。它和学校的实践活动最大的不同就是可以让学生零距离接触大自然，在适应社会的过程中，不断改进自己的生活方式，获得更直观的道德体验。所以高校要主动为学生提供参与社会生态道德实践活动的机会。

一是学校以作业形式让学生参与社会环保活动。参加环保公益活动的志愿者都是一些思想认识水平和生态道德素质较高的人，他们都有着绿色健康的生活方式。见贤思齐焉，见不贤而内自省也。通过和他们的近距离接触，大学生可以看到自己身上的不足，自觉向他们看齐，并在他们的感染下，主动参加类似的公益活动。

二是鼓励学生参加社会调研。学校可以根据当地情况，利用假期，由老师事先制定好计划，带队组织学生深入一些环境污染严重的地区进行实地考察。还可以让学生深入社区、深入农村进行环保知识、法律法规和国家生态文明建设的普及，并让学生到校后整理调查报告，分享心得体会。实践中获得的资料和图像视频都是最好最真实的教材，学校可以把这些公开，让全校学生观看了解，并借此呼吁学生保护环境，自觉践行生态道德行为。

社会实践活动不仅可以丰富大学生的生态道德情感，塑造健全的生态人格，还可以通过自己的亲身示范，激发人们热爱自然、保护自然的热情，带动更多的人加入，扩大影响力，在全社会树立崇尚生态道德的新风尚。

第二节　传统文化与高校思想政治教育工作的关系

一、传统文化的高校思想政治教育价值

文化是民族的显著特征。传统文化作为中华民族的显著特征，不仅是我们力量的源泉，而且是我们赖以生存的精神支柱。在新时期背景下，创新是思想政治

教育工作的内在需求，而博大精微的优秀传统文化无疑是创新的理论源泉。中华优秀传统文化在思想政治教育工作中发挥着显著而强大的功能，它不仅是思想政治教育的理论基础，而且是其精神养料，更是思想政治教育的创新源泉。

（一）传统文化是思想政治教育的理论基础

传统文化久经岁月沉淀，形成了一套完整的思想道德规范体系和价值体系，具有旺盛的生命力与感染力、较强的传承性和历史性，是思想政治教育不可或缺的理论源泉。

1. 有助于培育大学生社会主义核心价值观

社会主义核心价值观从不同层面对我国的价值取向与道德目标做出了高度概括与深度凝练。字数虽不多，但蕴含着深刻意蕴，是对具有普遍意义的社会价值的归纳概括，也是对人类文明成就的高度浓缩。社会主义核心价值观的涵养与培育，并非单单是某个人、某个机构或某个团体的任务，而是大家的共同责任。

在新时期背景下，经过几千年的洗礼和发展，优秀传统文化更加具有稳定性和传承性，其传承性体现在每个中国人身上。推动优秀传统文化与思想政治教育协同发展、相互促进，对涵养大学生的社会主义核心价值观意义重大。

作为中华民族时代文化的产物，社会主义核心价值观属于文化意识范畴，其发生和发展植根于我国优秀传统文化之中。习近平总书记对我国传统文化的发展非常重视，指出"要使中华优秀传统文化成为涵养社会主义核心价值观的重要源泉"，"引导广大师生做社会主义核心价值观的坚定信仰者、积极传播者、模范践行者"。

实现思想政治教育与优秀传统文化的协同发展，是新时期培育社会主义核心价值观的重要途径。积极汲取优秀传统文化的丰富养料，深入挖掘中华优秀传统文化的强大思想政治教育功能，是开展社会主义核心价值观教育的应有之举，也是大学生增强文化素养的内在要求。

2. 有助于激励大学生实现中国梦

只有有梦想的民族，才可能有光辉的未来。中华民族的梦是由每个中国人的梦汇聚而成的伟大复兴梦，没有执政者全心全意为百姓立命的初心，没有全国人民为之奋斗的决心，没有优秀传统文化的传承和弘扬，中国梦就不可能实现。文化对于国家进步和民族团结有着重要意义。作为中华民族的根基和命脉，优秀传统文化无疑是实现中国梦的精神支柱。

历史告诉我们，要开创崭新的民族文化，是离不开历史、离不开传统的。若完全抛开历史、丢弃传统，我们将失去民族根基、道德支柱乃至精神命脉。亘古以来，华夏民族就有着古老的文化传统，中华民族独有的人文素养、文化品质都得益于这个传统。

新时期以来，传统文化焕发了新的光彩，在社会范围内广泛传播。具有悠久历史和辉煌文化的中国，正在深入挖掘优秀传统文化的新鲜体现。当下，我们正致力于建设社会主义现代化强国、实现民族的伟大复兴，而这是离不开历史基础、离不开优秀传统文化的。所谓复兴，就是在不忘本来的基础之上开辟新的未来。立足新时代，实现民族复兴，必须以优秀传统文化涵养中国梦，让崇正义、尚合和、讲仁爱、求大同、明礼义等优良传统成为实现民族复兴的根基和支柱。

3. 有助于培育全面发展的社会主义接班人

中华优秀传统文化蕴藏着中华民族千年的历史智慧，浓缩了中华民族的宝贵经验，是历久弥新的民族瑰宝。比如，在学习方面，古人倡导用"博学之，审问之，慎思之，明辨之，笃行之"学习新知识和新技能，增长本领；在体育方面，古人常通过"射箭""蹴鞠""五禽戏"等强健体魄，享受健康生活；在美育中，传统的诗、词、书、画、曲等不仅体现着古人的审美意趣，而且蕴含着世界观、人生观的教育；中华优秀传统文化中关于劳动的描述更是不胜枚举，如"锄禾日当午，汗滴禾下土"就生动展现了古代劳动人民的辛勤劳作，"富贵本无根，尽从勤里得"告诫我们劳动是创造财富的唯一方法。中华优秀传统文化具有极强的包容性，善于从其他文化中借鉴、吸收有益成分发展自己，而深受中华传统文化滋养的人民也必将拥有开阔的思路和与时俱进的思维，在实践中不断学习和进步。中华优秀传统文化不仅给予我们道德的教化，更给予我们改造世界的启示，给予我们奋勇向前的精神动力。大学生应当充分汲取中华优秀传统文化的滋养，促进个人增长本领，成为全面发展的社会主义接班人，为民族和国家的发展添砖加瓦。

（二）传统文化是思想政治教育的精神养料

1. 崇高民族精神为大学生爱国主义教育提供了丰富养料

作为民族的根基与命脉，民族精神是中华民族自立于民族之林的精神支撑。作为爱国主义教育的理论基础，优秀传统文化中崇高的民族精神无疑为大学生爱国主义教育的开展奠定了基础。

历史发展证明，一个国家、民族要想在世界舞台上占据重要地位、发挥重要作用，不仅需要雄厚的物质力量，而且离不开强大的精神支撑。培育和发扬民族精神，二者是同一事物的两个方面，是相互促进、协同发展的。在培育的基础上进行弘扬，同时在弘扬的过程中继续培育，这是一个双向发展、共同进步的过程，在此过程中，我们培育和弘扬的民族精神也在不断发展，与时俱进。培育和促进民族精神，对大学生进行爱国主义教育有着非凡意义。帮助大学生树立爱国意识，产生爱国情感，养成爱国意志，最终转化为爱国行动，这并非朝夕之事，高校需为此做出踏实的努力。

伟大的民族精神激励着千千万万中华儿女为维护民族利益而不懈奋斗，为实现民族复兴而埋头苦干。不言而喻，进行社会主义精神文明建设，进行大学生爱国主义教育，必须从民族精神中汲取丰富养料。

2. 传统伦理道德为大学生投身社会主义现代化建设提供动力

传统伦理道德意蕴深厚、影响深远，经过数千年的洗礼与积淀，具有了强大生命力和影响力，是进行现代化建设的内在动力。在中华民族日渐走向富强的今天，现代化建设需要从优秀传统文化的深厚土壤中吸收养分，使物质建设和精神建设同向同行、紧密结合，更好地进行社会主义现代化建设。传统伦理道德的引入能够激发大学生投身社会主义现代化建设的内在动力。

道德的缘起与文明的进程是相辅相成的。中国有着数千年的文明史，在中华传统文化中，道德伦理处于优先和特殊的地位，古代贤哲不仅以道德实践作为人生实践的重要内容，而且将其视为政治上的最高追求和最终目标。

作为"修身"的标准和指南，传统伦理道德是人们在日常交往中正确处理人际关系的行为准则，是个体提升自我道德修养、强化道德意识的精神法宝，也是国家实现社会和谐、促进发展的重要手段。孔子曾指出，"导之以政，齐之以刑，民免而无耻；导之以德，齐之以礼，有耻且格"。可见单用律法规章来管理人民，是难以让民众产生羞耻感并诚心归顺的，但用道德伦理、礼仪教化是可以做到的。进入新时代的中国，物质文明建设已取得了非凡成就，正在实现现代化和民族复兴的伟大征途中前进。传统伦理道德是优秀传统文化的一个重要组成部分，是个体行为规范和社会生活秩序的自觉理性"标准"，传统伦理道德所蕴含的强烈自我使命感和社会责任感，将激励大学生积极参加社会主义现代化建设，引导他们为实现民族复兴而拼搏、奋斗。

在社会主义现代化建设征程中，高校应深入挖掘、充分利用优秀传统文化所包含的伦理道德资源，将爱国明理、尊老爱幼、勤俭务实、谦虚谨慎、廉洁奉公、严于律己、尊师敬业、诚实守信、团结友善等传统伦理道德融入大学生的生活和学习中，让传统伦理道德成为他们铭记于心的道德规范，成为他们实践的行为指南，成为激励他们投身现代化建设的内在动力。

（三）传统文化是实现思想政治教育创新发展的源泉

1. 传统文化为思想政治教育的创新发展提供了丰富素材

优秀传统文化能够传承至今而生生不息，离不开其博采众长的汇通精神、厚德载物的人文精神、为国争光的爱国精神、自强不息的奋斗精神、以天下为己任的责任精神……这些高尚精神深深影响着国人的情感、思想和行为，是我们赖以生存的精神支撑，更是思想政治教育不可或缺的精神命脉。

中华优秀传统文化作为思想政治教育的理论基础，无疑给思想政治教育的创新发展提供了众多丰富素材。比如，"吾日三省吾身"的内省方法启示我们要经常进行自我反省，不断推动自我发展。"有教无类"的教育方法警示我们要对所有学生一视同仁，绝不做差异化对待，针对不同学生要制定不同的教育方针，努力做到"因材施教"。作为文化形成发展的生命机制，教育是伴随着文化传统出现的，可以说，没有文化传统就不会有教育，故而教育必须以传统为源泉，最大限度地发挥文化对教育的促进作用，思想政治教育亦是如此。具有久远历史的优秀传统文化，蕴含着无数值得我们借鉴和吸收的精华，是思想政治教育巨大的精神财富，也是其强大的素材来源。

2. 传统文化为思想政治教育的创新发展指明了方向

之所以思想政治教育能够日益走向成熟和独立，与其与时俱进的创新性密切相关，而优秀传统文化无疑是思想政治教育最为显著的创新源泉。优秀传统文化所蕴藏的道德教化观念，历经了数千年的历史沉淀，已发展成为一种独特而又强大的思想政治教育力。这种强大教育力的存在，不仅使华夏儿女养成了高尚的道德品质，而且塑造了中华民族独特的性格特征，同时对我国思想政治教育的深入发展有着极强的现实意义。

在社会发展的过程中，针对思想政治教育产生的新问题、新情况，我们可以从优秀传统文化中寻求解决方法，并对优秀传统文化进行相应的改造，使其更好地适应于思想政治教育问题的应对与解决。优秀传统文化所提倡的厚德载物、知行合一、修身克己、经世致用、自强不息等品质，对于人们在解决问题的过程中把握原则与方法提供了指引。充分挖掘优秀传统文化强大的思想政治教育功能，对其进行创新性转化与创造性发展，是实现思想政治教育创新发展的有效路径。

进入新时代的今天，思想政治教育亟须创新与发展。在创新发展进程中，思想政治教育要深入挖掘、充分利用传统文化中的优质教育资源，有区别地对待传统伦理道德与价值规范，坚持革故鼎新、古为今用，用优秀传统文化丰富的精神财富来化人、育人。

二、传统文化与高校思想政治教育工作的关系

中华优秀传统文化是开展思想政治教育的重要资源，而思政课堂则是传播中华优秀传统文化的重要载体。一方面，优秀传统文化能够为高校思政课堂提供丰富的精神支持。大学思政课堂肩负着特殊的教育使命，旨在提高大学生的思想政治水平、综合素质和道德意识，而针对大学生思想的教学则是课堂重点。中华优秀传统文化历久弥新，许多精神财富在今天仍有很强的应用价值。学习和掌握其中的思想精华，对大学生树立正确的世界观、人生观、价值观很有益处。比如，古人所说的"先天下之忧而忧，后天下之乐而乐"的政治抱负、"苟利国家生死以，岂因祸福避趋之"的报国情怀、"富贵不能淫，贫贱不能移，威武不能屈"的浩然正气、"人生自古谁无死，留取丹心照汗青"的献身精神等，都体现了中华民族的优秀传统文化和民族精神。这些优秀精神文化对大学生的为人处世、生活、学习都有着重要的启示作用。教师将优秀传统文化与思想政治教育相结合，并选择更多符合当代教育发展的内容辅助教学，能够为学生的成长和发展提供宝贵的精神动力。另一方面，作为发扬优秀传统文化的重要载体，思政课堂能够对中华优秀传统文化的传承做出巨大贡献。它不仅对学生个人成长意义重大，对社会和谐发展的作用也不容忽视。高校将传统文化与大学思政课堂相融合，能够为大学生提供更多了解和认识传统文化的机会。之所以在思想道德建设中宣传传统文化，是因为大学生是传播和保护中华优秀传统文化的重要社会力量，他们思想活跃、学习能力强、富有创新精神，能够在学习中自觉内化优秀传统文化，从中汲取强大动力。

第三节　传统文化融入高校思想政治教育工作的路径

一、传统文化融入高校思想政治教育工作的必要性

（一）创新思想政治教育工作的必然选择

随着我国对外开放的不断发展，国际文化交流愈发频繁，在中华传统文化走出国门的同时，西方的一些文化思潮、价值观念也随之传入我国。在这些良莠不齐的思想观念中，有一些积极健康的思想，同时也夹杂着一些不良的价值观念，这给人们尤其是高校大学生带来了一定的消极影响。而高校大学生作为国家未来的建设者和接班人，他们思想观念的正确与否，对个人发展和社会进步都有着重要影响。因此，我们必须做好大学生的思想政治教育工作，发挥好思政课的政治思想引领作用，使大学生成长为合格的社会主义建设者和接班人。高校思想政治教育工作，无论是思想政治课堂教学，还是日常针对大学生的思想政治教育，都要加强工作思路、方法的创新，时刻注意结合大学生实际和时代发展来进行教学。中华优秀传统文化作为中华民族几千年来的文明，蕴含着许多宝贵的精神、思想，将其融入高校思想政治教育，有利于丰富大学生思想教育的内容，提升其思维认知水平。一方面，传统文化融入思想政治教育理论课可以为许多理论添加历史实例，使理论知识的讲述更加生动，易于学生理解；另一方面，传统文化融入大学生日常思想政治教育活动中，能够加深学生对深厚文化内涵的了解，促进他们思想的转变，使思想政治教育工作更具针对性。

（二）弘扬优秀传统文化的必然需要

中华优秀传统文化已传承了上千年，是珍贵的历史馈赠。在中华优秀传统文化的传承方面，教育本身就是对文化的接力传承和大力弘扬，通过教育，一代又一代中华儿女在光阴流转中，传承着传统文化，并结合崭新的时代内涵和时代特征，推动传统文化创新性发展，为传统文化灌注生气和活力，而通过高校思想政治教育这一载体，对中国青年进行优秀传统文化教育，不仅能够提升大学生文化素养，而且传统文化自身也会被注入时代活力。这一方面是因为思想政治教育是先进的马克思主义载体，会对中华优秀传统文化内容进行挖掘、选择、创新，从而推动传统文化生机洋溢且经久不衰；另一方面是因为新时代大学生是社会上富

有朝气的新鲜力量，他们在我国综合国力日益强大阶段成长起来，富有文化知识，又激情洋溢，能够紧跟时代潮流、顺应时代要求，不断寻求超越，从而为传统文化灌注青春和创新的色彩。另外，中国是世界上留学人数较多的国家，有利于进行良好的文化交流，从而不断丰富传统文化内涵，推动中华传统文化向前发展。

（三）提升民族文化自信的现实需要

文化自信是一个国家、民族对自身文化的充分肯定以及对文化的积极践行，对民族文化的发展有着积极的促进意义。习近平总书记在庆祝中国共产党成立 95 周年大会上的讲话中指出："全党要坚定道路自信、理论自信、制度自信，文化自信。""文化自信，是更基础、更广泛、更深厚的自信。"在中国特色社会主义道路建设过程中，民族文化自信能够起到精神支持和引导的作用。一个国家或民族对自身的文化失去信心，那么在经济发展和社会建设方面也不会取得很大的成就。

中华优秀传统文化内容丰富、历史悠久，所蕴含的文学艺术、科学技术、思想观念等对现今的社会发展仍有指导和借鉴意义。而人们尤其是青年大学生只有在深入了解或实际体验后，才能真正地理解文化的深刻意蕴，而不是停留在书本的简单介绍上。将优秀传统文化"生活化""具体化"，使其走出浩瀚书籍，走进当下实际，有利于加深大学生对其的认知，提高内心认同感，从而促进大学生民族文化自信的建立。而将中华优秀传统文化的精髓应用于针对大学生的思想政治教育工作中，就是将其"具体化"的重要体现，有利于让丰富的传统文化走进学生身边、走入学生内心，发挥其新的时代价值，从而进一步提升大学生的民族文化自信感。

二、传统文化融入高校思想政治教育工作的路径选择

（一）拓展实践活动方式

高校思想政治课实践教学包括校内实践教学和校外社会实践活动，二者都是中华优秀传统文化与思想政治课教学融合的有效载体。学校思想政治教育工作者应当引导学生积极参加校内外的各类文化实践活动，这有利于让大学生深刻体会传统文化的魅力。首先，应该将中华优秀传统文化融入课堂实践活动中，帮助大学生建立对传统文化的深入认识。其次，可通过校外的实践活动，如"志愿者""义工服务"等活动，来促进大学生对传统文化的研究与宣传。高校应该主动探寻中华传统文化与高校思想政治教育的契合点：可以定期举办文化摄影比赛、书法比赛、诗联比赛等，通过"以竞促学"的方式加强对大学生文化素养的培养和提升；

也可以定期组织校内大学生参观校史馆或当地博物馆等文化场所，不断促进大学生文化情感的提升。

（二）加强传统文化环境建设

中华优秀传统文化的学习区别于普通理论知识的学习，并不单单停留在理解记忆的层面，它需要的认知内化时间较长，也就是说，一个人从体味、领悟到产生内心的认同感，需要较为漫长的过程。

为此，我们必须加强传统文化环境建设，为中华优秀传统文化融入高校思想政治教育创造良好的大环境氛围，以提高工作实效性。以下将从社会传统文化环境建设、学校传统文化环境建设、家庭传统文化环境建设三个方面来具体分析。

1. 社会传统文化环境建设

社会环境对个人品德塑造起着重要的作用，与学校环境、家庭环境一样对人有着很大的影响。我们生活在社会之中，生存和发展都离不开社会环境，我们的思想观念、行为方式会受到社会大环境的约束。高校在开展思想政治教育工作时，要时刻考虑社会环境的作用。良好的社会环境有利于思想政治教育工作的进行，为优秀传统文化融入高校思想政治教育提供了强大的社会保障。因此，我们要加强对社会传统文化环境的建设工作，培养社会氛围，以增强思想政治教育的实效性。为此，我们要做好两方面的工作——对传统文化的保护工作和对传统文化的学习传承工作。

一方面，我们要加强对社会上优秀传统文化资源的保护工作。中华优秀传统文化资源种类丰富，无论是物质文化遗产还是非物质文化遗产，我们都要重视对它的传承和弘扬。首先，政府需出台相关政策对传统文化资源进行保护，尤其是针对地方特色文化遗产，应避免商业化、市场化的影响。其次，相关部门应加强对文化资源的合理开发利用，防止过度保护和开发不当等问题的出现。正确处理好保护和开发的关系，是对文化资源进行利用的基础。最后，社会各界应加强对传统文化资源的认知，深入了解本民族、本地区的特色传统文化资源，并对它们进行保护和传承。总体来看，对中华优秀传统文化资源的保护工作，我们要形成政府予以保护、相关部门予以开发利用、社会群体予以认知传承的联动体系，从而为中华优秀传统文化的传承工作保驾护航。

另一方面，我们要加强对优秀传统文化的学习和传承工作。中华优秀传统文化学习氛围的塑造，要由全社会共同努力，政府应积极引导、社区应大力推动、社会各界应广泛参与，从而深入促进传统文化的继承与发扬。首先，政府部门应发挥好引领带头作用，对中华优秀传统文化进行思想政治教育资源挖掘，并与当下社会主义核心价值观理念相结合，制定符合时代特色的学习计划，同时出台相关的规章制度予以保障。其次，社区作为基层组织，在我国经济、政治、文化发展过程中发挥着不可替代的重要作用。因此，在对优秀传统文化的继承和发扬方面，社区应该担负起其应有的义务，将传统文化与社会文化相结合，使其走入人们生活日常，贯彻落实政府关于传统文化的政策。一方面，社区可以组织建立一支专门的传统文化宣传队伍，定期向居民宣传有关传统文化的知识，加深人们对传统文化的了解与体悟。另一方面，社区可以多开展一些传统文化实践活动，使人们在认知的基础上加以深化。我们可以利用社区文化活动的方式，多举行一些民间传统艺术表演、传统技艺的展览等，尤其是在传统节日时，更要抓好这一时机，让居民感受"传统氛围"，理解文化内涵。最后，传统文化学习氛围的塑造，还需依靠社会各界广泛参与，使其的作用发挥得更全面、深入。

2. 学校传统文化环境建设

学校环境可分为外在校园环境与内在文化环境：外在校园环境体现在学校的设施建设、场所布置等方面；内在文化环境体现在学校的学风、校训、文化氛围、学生的精神风貌等方面。在将优秀传统文化融入学校环境的过程中，可以从外在设计和内在精神培育两方面入手。在外在设计方面，学校相关社团组织可以通过布置装饰打造传统文化校园环境，例如，在教室、图书馆、食堂等公共场所张贴诗词古句、名人名言，设置传统文化校园角，定期展览有关传统文化内容的作品等。在内在文化环境方面，学校宣传部门可以联合社团组织，广泛开展传统文化教育实践活动，让学生深入了解优秀传统文化的内涵并付诸实践。例如，在传统文化节日时，可以举办一些文化活动，让学生在感受传统节日活动氛围的同时，自身的情感也得到熏陶。

3. 家庭传统文化环境建设

家庭环境对一个人的影响是深远而持久的，相比于学校环境，家庭环境对学生作用的时间更长，且是社会和学校所不可替代的。家庭对个人的生活依托感不可替代，家庭的社会功能不可替代，家庭的文明作用也不可替代。良好的家庭教育环境会对思想政治教育起到一定的推动作用，因此，在将中华优秀传统文化融入思想政治教育活动的过程中，应当重视家庭环境的作用。

首先，社会、学校要引导家庭重视传统文化教育，使家庭重视对中华优秀传统美德的继承，形成良好的家风，建立和谐的家庭氛围。中华民族自古以来就重视对家庭伦理道德的传承和家风的熏陶，强调父慈子孝、兄友弟恭、尊老爱幼，其中更有一些蕴含丰富思想的家训，对我们现今的家庭建设非常具有指导意义。

其次，家长要以身作则，为儿女做出传承中华优秀传统文化的榜样示范。家长是儿女的第一任老师，虽然说儿女成长为大学生后具有自己的思考方式和行为方式，但还是会潜移默化地受到家长的影响。因此，在家庭传统文化环境构建中，家长要做到表率示范的作用，加强自身的道德修养，注重对传统文化的家庭传承。

最后，学校要加强与家庭的联系，与家庭一起积极促进学生德行的提升。家庭教育和学校教育的共同目标都是学生的全面发展，学校应该加强与家庭的沟通，及时了解学生的思想动态，积极促进学生的健康成长与全面发展，包括学生道德意识的提升。

（三）丰富传统文化育人载体

1.融入学生管理工作

学生日常管理是高校学生工作的重要内容之一，在大学生的培养过程中，学生日常管理起着不容小觑的重要作用，因此，将优秀传统文化融入学生日常管理中，有利于在实现教育目标的同时提升教育效果。首先，充分发挥高校辅导员的文化引导作用。高校辅导员是大学生接触频繁的老师，是学生的"引路人"，是思想政治教育队伍的重要力量。高校辅导员在与学生的交往过程中，应充分发挥传统文化的作用。当学生思想出现不良倾向时，辅导员可以有意识地运用一些传统文化教育理念与教育方法，加以安慰和引导，切实加强与学生之间的沟通交流，使学生能够敞开心扉，毫无保留地表达自己的想法，从而达到思想政治教育的目的。其次，注重发挥宿舍文化的作用。宿舍是大学生形成良好生活习惯、进行人际交往的重要场所，对学生的心理素质的发展具有重要影响，因此必须建立良好的宿舍文化。高校学生工作管理者应当注重将优秀传统文化思想融入大学生宿舍文化中，倡导学生用和而不同的宽容品格、重义轻利的价值观和自强不息的进取人格进行宿舍交往，从而助力优秀传统文化在大学生身上发挥积极作用。

2.加强传统文化实践体验

实践活动不仅是传承中华优秀传统文化的重要途径，而且有助于推动传统文化入脑入心。亲身体验的感悟往往具有直击人心的能量。高校应注重开展实践体验活动，引导学生深入体会文化的内涵。

首先，高校可加强对校园活动这种教育方式的利用，开展丰富多彩的优秀传统文化系列活动。实践活动既可以丰富大学生的校园生活，又能让大学生亲身体验传统文化，帮助大学生将知识转化为能力，从而巩固理论学习成果。以实践活动来调动大学生体验传统文化，如通过历史典故的话剧演出、分享传统美食等活动，能够拉近大学生与传统文化的距离，提高大学生的文化素养，加深大学生的文化底蕴，更重要的是，将弘扬传统文化从响亮的口号转化为具体的行动，让文化有了鲜活的生命力。

其次，高校可与校外机构合作，建立校外文化教育阵地。文化遗产是文化直接的教育载体，参观历史博物馆、游览名胜古迹等活动，能够让学生感知数千年前的生命印记，激起对于文化的共鸣，带着现实中的问题与传统文化进行心灵沟通，思考优秀传统文化的当代价值和时代内涵，同时，这会让学生脱离脑海中的想象和书本上的印象，在亲身接触中真实领悟文化的独特魅力。通过此类实践活动，学生会深刻体会到活动背后的文化意蕴，精神文化需求得到满足，这样一来，思想政治教育的目的也在实践中得以达成。

最后，高校可开展丰富多彩的节庆活动来传承文化。传承千年的中国传统节日和庆典活动承载着民族灵魂与共同情感，具有重要的思想政治教育价值。这些节庆活动是与大学生的日常生活非常接近的实践活动，年复一年的循环则是对教育价值的巩固和强化。高校应充分发挥传统节庆活动的作用，广泛举办有利于实现传统节庆教育价值的各项节庆活动，以对大学生的思想和行为产生积极的影响。例如，高校可以在元宵节举办赏花灯、猜灯谜的活动，在中秋节举办赏月吟诗等活动，促使大学生在浓厚的节日氛围中领悟我国传统节庆的教育意义，并将其内化为自己的道德准则，从而提高自身的传统文化素养。

3. 加快优秀传统文化网络平台建设

搭建传统文化教育网络平台，不仅能够打破时间、地域、身份等界限，实现云共享，而且能够通过文字、声音、图片、视频等形式，让学生"身临其境"地体验到文化之美，从而激发学生对于传统文化的情感认同，促使自身主动学习传统文化知识。据中国互联网络信息中心（CNNIC）调查显示，截至 2020 年 6 月，在网民的职业分布中，稳居第一的是学生。在此背景下，伴随着网络的日益普及，高校应加强传统文化教育网络平台的搭建。首先，高校可以入驻抖音、微博等大学生经常"冲浪"的平台，将中华优秀传统文化与网络热点相结合，引导正确的思想舆论，并积极宣传学习强国、青年大学习等学习平台，促进其发挥更多作用。其次，高校可以充分发挥自身的学科特色和教育资源，利用爱课程、慕课等在线学习平台，传播中华优秀传统文化优质课程，向全国学生免费开放共享，打造线上线下双向协作的教育格局。最后，各高校的官方网站、微博、微信公众号、小程序等平台定期定量地以图文并茂、视听结合等形式为师生推送校史、校训、校情等具有学校特色文化及地域文化特色的内容，以流行、有趣的语言和形式吸引大学生，积极促进师生以平等的身份在线上进行互动交流。总之，要将中华优秀传统文化有效地融入高校思想政治教育全过程，理应高度重视互联网对大学生的影响，最大化发挥互联网的积极作用，同时应当加强网络监管，为包括大学生在内的网民提供和谐健康的网络空间。

（四）深入挖掘传统文化的思想政治教育资源

中国是四大文明古国之一，有着悠久的历史和丰富的文化遗产。这些文化遗产资源从形式上看既包括历史建筑、古代园林、民俗技艺等物质文化，也包括语言、思想、艺术等非物质文化。从总体上看，无论是物质文化还是非物质文化，它们本身都附着着一定的人文思想和精神内容，在根本上都体现了中华民族独具的精神特质，具有很大的教育价值。高校作为国家人才培养基地，必须大力宣传并弘扬传统文化，将其融入教育教学工作中，尤其是融入大学生的思想政治教育工作中。而做好融入工作的前提就是要大力挖掘传统文化资源的教育价值。

随着我国经济的发展和国际地位的提升，中华优秀传统文化越来越受到关注，国家大力支持在学校开展传统文化教育。习近平总书记在全国宣传思想工作会议上强调："要把优秀传统文化的精神标识提炼出来、展示出来，要把优秀传统文化中具有当代价值、世界意义的文化精髓提炼出来、展示出来。"通过对优秀传统文化进行教育资源开发，使其融入学校、走进课堂，能够实现在对学生进行文化教育的同时，促进对传统文化的弘扬。

第一，在对中华优秀传统文化进行教育资源开发工作时，要始终坚持以马克思主义为指导原则。马克思主义及其中国化理论成果，是中国共产党的理论指引和行动指南，也是党和全国各族人民团结奋斗的共同思想基础，它指导着包括文化建设在内的社会主义建设各项事业的顺利进行。而中华优秀传统文化作为中国特色社会主义文化的重要来源，对它的继承和创新工作更离不开马克思主义及其中国化成果的理论支持和方法指导。因此，在进行教育资源选择时，要坚持马克思主义为指导原则，运用马克思主义科学的立场、观点和方法，对中华优秀传统文化资源进行整理、完善，使其能够更好地融入思想政治教育工作中。

第二，教育资源开发工作要结合新时代具体背景。党的十九大报告指出："经过长期努力，中国特色社会主义进入了新时代，这是我国发展新的历史方位。"在新的历史方位背景下，我国面临着新的社会矛盾、新的发展要求，各项工作需要考虑变化、考虑实际。因此，发展优秀传统文化必须与时代现实相联系、相结合，只有这样才能更好地发挥出传统文化的当代价值，更好地解决现实问题。在教育资源开发时，我们要依据当下新时代要求、现实所需，有针对性地对中华优秀传统文化进行选择和运用，使其更好地在思想政治教育工作中发挥作用。

第三，传统文化教育资源开发要有针对性。中华传统文化资源具有独特性，不同地方由于地域差异的影响，有着不同的文化特色，构成了丰富多彩的地方文化。这些地方文化在长久的历史变迁中，有着一定的稳定性，对当地人们的生活、风俗各方面都产生了一定影响，且留有大量文化遗存。这对高校教育来说极具价值，且与地方紧密贴合，有利于实效性的发挥。因此，高校在进行传统文化教育资源挖掘时，可以着力于地方特色传统文化，尤其是可以利用好当地文化遗存这一宝贵财富。地方特色传统文化作为中华传统文化中不可或缺的一部分，对当地人们的思想价值观念、行为方式有着深刻的影响，对高校思想政治教育工作具有极大的借鉴意义。首先，高校可以与地方联合建立传统文化研究工作机构，进行地方性特色传统文化的发掘与研究，同时可以将某些内容编纂成书，用于高校教育教学工作。高校也可以将地方性文化引进校园，融入校园文化环境建设。其次，高校可以分院系、分专业挖掘传统文化资源的教育价值，并将其应用于具体的专业教学过程中，即将传统文化资源与课程更好地结合起来，达到对学生进行思想政治教育的目的。具体来说，传统文化资源丰富，按照内容可以分为文学、哲学、艺术、医学、科技等，可以将其对应不同的专业，并将该专业所涉及的传统文化相关内容加以研究挖掘，融入课堂教学中。最后，除了理论学习，高校可以组织学生开展传统文化实践活动，通过参观历史文化古迹让学生深切地感受到文化魅力，从而加深教育价值。组织学生参观当地的名胜古迹、历史博物馆等，让学生贴近实地地去了解地方性特色文化的意蕴，能够加深他们的内心认同感。

（五）加强中华优秀传统文化融入的制度建设

1.健全政策引导机制

开展中华优秀传统文化教育，本身就是提升高校思想政治教育工作质量的具体内容，也是落实"立德树人"根本任务的关键一步。通过梳理中华传统文化的发展历程不难发现，政府颁布相关政策文件是推动文化教育开展的直接、快速的方法，如《完善中华优秀传统文化教育指导纲要》的出台，为优秀传统文化的发展做出了方向指引，提供了发展动力。因此，要开展优秀传统文化教育，就必须加强政策引导与支持，以政策为着力点，突出中华优秀传统文化的重要地位，明确高校加强优秀传统文化教育的任务，倡导针对不同阶段学生的特点进行具体规划和设计，把中华优秀传统文化贯穿到大学生成长的全过程和各领域，从而推动实现其蕴含的思想政治教育价值。同时，在基础设施建设、科研教学设备投入、传统文化教育实践基地建设、传统文化资源保护等方面，政府应加大对高校的经费支持力度，充分整合高校师生教育资源和科研力量，助力发挥传统文化在大学生思想政治教育中的作用。

2. 强化法律保障机制

法律的指引和保障，有利于传统文化实现有效传承、长期发展。要推动中华优秀传统文化融入高校教育工作的顺利进行，强化法律保障是必由之路。强化优秀传统文化教育的法治保障，既是全面依法治国的要求，又是引导中华文化规范发展的内在需要。

首先，政府可以在宪法基础上，深入探索建立中华优秀传统文化融入高等教育方面的法律制度，公开征集社会意见，提升人民对文化发展事业的参与感，以受教育者的需求为出发点和落脚点，健全相关法律法规。同时，政府应在法律制度上加强对于文化发展成果的保护，为传承发展传统文化奠定法治基础。

其次，在加强法律法规制定的同时，政府需要加强执法力度，对已成文的传统文化教育政策，要坚决落实到位，贯彻其具体措施，严厉打击侵犯、破坏传统文化的行为，使优秀传统文化传承工作有法可依、有法必依、违法必究。

最后，政府应加强法治宣传教育，深入宣传《中华人民共和国文物保护法》《中华人民共和国非物质文化遗产法》《中华人民共和国教育法》等法律法规，使普法过程成为传统文化教育过程，推进大学生知法、依法、守法。时代在不断发展，社会在不断进步，政府还要根据客观环境和现实要求，完善相关法律法规，努力做到立法的完整、系统、科学。

3. 完善效果评估机制

推进中华优秀传统文化融入高校思想政治教育工作是一项复杂的实践工程，应当建立一定的评估机制。健全的考核评估机制，既能够检验教育效果，又能够在考核中及时发现问题，便于调整完善，推进工作的纵深发展。将中华优秀传文化融入高校教育工作纳入考核评估之中，才能改变口头上重视、行动上轻视的困境。为了得到全面、客观、真实的评价，应当合理设置考核主体、科学设置考核内容、扩展考核方法。同时，可根据考核结果，对优秀单位、部门、个人进行表扬和奖励，提高参与者的积极性，推进参与者重视此项工作。另外，应建立完善的信息反馈机制。良好的信息反馈机制是提高优秀传统文化融入思想政治教育工作效率的保证，可通过学生会、学生社团联合会等学生组织开展调查问卷、访谈等方式，来了解学生的真实文化需要，从而提出具有针对性的对策，这样思想政治教育工作才能有鲜活的吸引力。

（六）加强优秀文化作品的创作

我们应当广泛利用中华优秀传统文化资源去创作一些有文化意蕴、教育意义的优秀节目。在创作时，首先，我们要汲取中华优秀传统文化精神，赋予作品一定的深刻内涵，让人们在观看节目时，潜移默化地受到优秀传统文化所倡导的价值观念的影响。例如，中央电视台季播节目《中国诗词大会》，不单单是对诗词背诵记忆的竞技比赛，更多的是探求蕴含在每首诗词背后的历史渊源和文化情怀。相对于娱乐节目，它使人们得到了文化的滋养，给人们带来了内心的充实，也得到了人们的认可。其次，我们在进行节目创作时，可以选取优秀传统文化素材，如霍去病"匈奴未灭，何以家为"的家国情怀，汉文帝刘恒为母侍疾、亲尝汤药的孝道之义等，深刻发挥其在当今时代对广大青年的教育意义。针对当下年轻人所喜爱的动漫作品，我们可以选取中华优秀传统文化素材作为创新点。《中华唱诗班》系列动画自诞生以来的大火就是由于它的素材皆是我国观众耳熟能详的故事，极大地拉近了作品与人们之间的距离，使人们很容易对作品所体现出来的情感关怀、价值观念产生文化认同。最后，在进行文化作品创作时，要结合时代发展要求，紧跟人们的关注点，在方式上要讲求创新、在质量上要力求上乘。大学生是一个思想活跃的群体，中华优秀传统文化的内容精髓只有依靠创新多变的方式，才能易于融入大学生的生活中，从而发挥其应有的价值。

（七）加大高校传统文化师资队伍建设

中华优秀传统文化历经五千年的文明史，经久不衰，内容丰富而深刻，在文学、思想、科技等诸多方面有着系统性的知识结构和层次。要想更好地将优秀传统文化融入思想政治教育工作，需要教育者掌握一定程度的传统文化知识，因此，高校要加强对教师的传统文化素养培育工作。

首先，高校要加强对广大教师传统文化知识的理论培训，定期组织相关教育讲座、培训学习等。由于传统文化内容涉及广泛，且易学难精，而举办讲座、培训学习可以为教师的传统文化学习提供一个方向，同时也可以加深教师对相关知识的深入理解。为确保教育培训工作的顺利进行，高校可以采取多组织方式、多渠道的形式：对于组织方式来说，可以进行全校统一培训、分学院培训、专业教师的专题培训，对于渠道来说，可以进行线下讲座培训、线上直播培训、线上录播课程培训。高校可以根据具体情况，采取不同的形式对教师开展传统文化培训。

其次，高校可以培养一部分专业的传统文化教师，同时可以引进相关专业人才来充实学校师资队伍。师资队伍的结构应根据时代需要、办学理念的变化而变化。要使传统文化更好地融入思想政治教育工作中，我们除对教师进行教育培训外，高校可以将表现突出的教师组织起来，建立一支传统文化师资队伍，也可以从校外引入专业人才，尤其是对高水平"客座"教师的引进。"客座"教师是指本校的一些课程，专业性、技能性较强，引入校外专业的研究人士进行授课，以达到促进课程更好地讲授的目的。对于传统文化知识来说，专业"客座"教师的引入是十分必要的，这样做有利于补充普通教师的知识短板，也有利于学生了解传统文化某一方面研究的最新状况。

最后，高校应当对教师的传统文化培训建立制度保障，尤其是建立健全学习培训考评制度。高校教师通过学习培训，对于传统文化知识掌握了解了多少，是否能够将其运用到具体教育教学工作中，是高校需要及时了解的，应当建立相关制度予以保障。一方面，对于传统文化知识的考核，可以采取出题考试或知识竞赛的方式，对教师的学习成果进行理论性成绩进行考察；另一方面，对于传统文化运用方面的考核，可以采取教学讲课评比的方式，让教师自由选取传统文化主题内容，将其运用到具体教学中，来考察其对传统文化的理解程度，以及将传统文化与教学内容进行结合的能力与效果，从而促进传统文化教育培训的知行合一。总体来看，加强教师传统文化教育培训工作，需要注重理论考核和实际教学运用的成果考核，以保证教师学习的有效性，从而促进传统文化更好地融入思想政治教育工作。

第五章 方法创新发展：新时期互联网技术应用下的高校思想政治教育工作

随着经济社会的发展，我国互联网普及率不断提升，互联网已经发展成为人们日常生活中不可或缺的一部分。在当前"互联网+"的形势下，社会各个领域都面临巨大的挑战。高校如何利用好互联网加强对学生的思想政治教育，是网络时代高校思想政治教育工作的重要内容。本章分为新时期高校思想政治教育工作方法概述、互联网与高校思想政治教育的关系、互联网环境下高校思想政治教育工作方法创新、互联网环境下高校思想政治教育工作方法创新的路径四部分。

第一节 新时期高校思想政治教育工作方法概述

一、高校思想政治教育工作方法的内涵

"方法"一词在我国古代早有运用。"方法"的第一种含义为量度方形之法。《墨子·天志》中写道："'中吾矩者，谓之方；不中吾矩者，谓之不方。'是以方与不方，皆可得而知之，此其故何？则方法明也。"其中"矩"在古代为画长方形的工具，这句话的意思是说，在画长方形时，用"矩"这个工具去检验，若符合标准则为"方"，不符合标准则为"不方"。之所以能够检验出画出的形状是否正确，是因为用了"矩"，这就是方法得当。"方法"的第二种含义为药方、丹方所记之法。张仲景在《伤寒论》中写道："服药不如方法，纵意违师，不须治之。"这句话的意思是说，服药若不按照规定的方法，不遵循医嘱，便不必再医治了。"方法"的第三种含义为方术、法术。《抱朴子》中写道："上古真人愍念将来之可教者，为作方法，委曲欲使其脱死亡之祸耳，可谓至言矣。""方法"的第四种含义指办法。《南齐书·虞悰传》中写道："悰善为滋味，和齐皆有方法。"现如今，"方法"一词被解释为解决思想、言语、行动等问题的办法和技术等。

也就是说，人们在日常生活中，为了达到一定的目的，采取的一系列方式和手段，就是方法。

一般说来，"方法"具有以下特征：首先，方法具有客观性。列宁曾说过："人的目的是客观世界所产生的，是以它为前提的。"也就是说，人们的社会活动受到客观世界条件的制约。所以方法不是任由人们心灵自由创造的，而是与主体的目的、客体的特征等因素有关。其次，方法具有多样性。矛盾的普遍性告诉我们，矛盾存在于一切事物中，旧的矛盾解决了，新的矛盾又产生了，这要求我们在遇到困难时要具体问题具体分析，不能用千篇一律的方法来解决不同的问题，要针对不同的客体使用不同的方法。最后，方法具有辩证性。一方面，实践是检验真理的唯一标准，在方法的使用过程中，总会有一些不适用于客体的方法，使其不能更好地达到主体的目的，因此方法也需要不断变化和更新，不断完善方法的运用过程。另一方面，不同的方法之间不是静止、孤立的，而是相互联系、相互转化的，所以主体通常不能用一种方法来达到目的，应多种方法灵活变化、交替使用，以完成对客体的改造。

正确的思想政治教育方法对教育过程至关重要，它是达到思想政治教育目的的有效手段。例如，在讲授革命故事时，教育者通过生动的理论讲解的方式与受教育者产生情感共鸣，使受教育者更好地认识革命文化、了解革命故事、感悟革命精神。在这个过程中，方法运用得是否得当，决定着思想政治教育工作是否会有成效、是否能完成教学任务。

由于教育的形式多样，所以其方法也不尽相同。在郑永廷主编的《思想政治教育方法论》中，将教育方法划分为四类：第一类为思想政治教育的基本途径和方法，是在教育过程中起主导作用的，包括理论教育法、实践教育法、批评与自我批评的方法。第二类为思想政治教育的一般方法，主要有疏导教育法、比较教育法等五种方法。第三类为适用于特殊情况、解决特殊问题的方法，即思想政治教育的特殊方法，包括预防教育法、心理疏导法等四种方法。第四类为解决复杂问题的各种方法，即思想政治教育的综合方法，包括主从式与并列式综合方式、协调式与交替式综合方式、渗透式与融合式交替方式。在《思想政治教育学原理》一书中，上述的一般方法和特殊方法被统归为一类，即思想政治教育的具体方法，在此基础上，还增加了思想政治教育要结合不同学科的教育方法。例如，要结合马克思主义哲学方法为指导，运用对立统一、定性定量相结合、偶然性与必然性相统一的方法等；要借鉴教育学的相关方法，运用陶冶法、评价法、作业法等直接采用或转化使用的方法；要借鉴心理学的方法，运用精神支持法、情绪排解法、注意转移法等拓宽思想政治教育的方式，提高思想政治教育的实效性。

总之，有关思想政治教育的方法多种多样、不尽相同，在教学过程中，教育者要结合不同的教育目标、教育对象、教育内容来选取不同的教学方法，增强教学的灵活性。只有科学地运用教学方法，教育者和受教育者之间才能产生良性的互动，在互动交流过程中，教育者也可以根据受教育者的反馈情况，及时调整教育方式和方法，以增强教育的实效性。

二、高校思想政治教育工作方法的特征

本部分所讲的高校思想政治教育工作方法的特征，指的是众多工作方法所具有的一般性特征，而非具体工作方法与现实的匹配特征。

（一）科学性

高校思想政治教育工作方法体现了科学性。

首先，高校思想政治教育工作方法有科学的理论基础。从古代思想政治教育方法（如自我教育、家庭教育、社会教化等）到马克思主义方法（如理论教育法、系统分析法、调查研究法等），再到德育、心理方法（如道德认知、社会学习法、价值澄清等），思想政治教育工作在此基础上建构出科学的方法体系，评估教育对象的认知和行为效果，彰显社会主流价值观念。

其次，高校思想政治教育工作方法的科学性表现在系统性方面。方法是否系统是衡量方法是否科学的重要因素。高校思想政治教育工作方法的系统性体现的是一种系统思维，也就是将思想政治教育工作方法的产生、应用和反馈看作一个完整的系统，注重方法的整体性、协同性。同时，思想政治教育工作方法的功能也具有系统化特征，其功能表现为进行价值引领与塑造完整人格。今天的思想政治教育工作可以利用大数据、区块链等现代技术对受教育主体的思想信息进行收集和分析，向其精准传播价值观念，进而通过信息技术对过程和结果完成反馈与评估，最后根据结果调整策略和方式。这一完整的闭环覆盖了思想政治教育工作的完整过程，具有系统化特征。

最后，高校思想政治教育工作方法的科学性表现在科学性话语上。科学性话语指的是在不同历史时期中生成的具有内容解释力、经得起实践检验并符合时代要求和人民需求的话语体系。这种科学性话语指向的是思想政治教育实践，符合思想政治教育工作的基本规律，具备抽象的理论逻辑，能够起到育人目的。例如，在革命与建设时期，中国共产党运用马克思主义辩证唯物法探索出一套行之有效的方法，包括坚持人民群众是历史的主体、注重理论联系实际、坚持自我革命等，

这些方法都曾发挥巨大作用。高校思想政治教育工作应注重大众化、通俗化，根据场景运用不同的案例与情景开展教学，并提升话语表达的亲和力与艺术性。

（二）实践性

实践性是指思想政治教育的理论知识要以客观发展着的实际为导向，遵循思想政治教育规律和大学生思想行为发展规律。习近平总书记指出："一种理论的产生，源泉只能是丰富生动的现实生活，动力只能是解决社会矛盾和问题的现实要求。"也就是说，高校思想政治教育工作方法是在思想政治教育实践活动中生成的，是以大学生的思想行为特点为基础，反映大学生所处的时代要求和实现其成长成才全面发展的内在需要的思想观念体系。它以大学生的根本利益为出发点，根植于大学生思想行为的客观实践中。与此同时，思想政治教育工作方法具有动态性和变化性，有着符合时代发展需求和大学生思想特点的特征。

具体而言，高校思想政治教育工作方法的实践性一方面表现为可操作性。这种可操作性主要是指通过大数据、算法分析、区块链等量化研究手段，在宏观层面准确把握教育对象的精神诉求与知识需求，同时在微观层面精确把握个体的个性需求与思想特点。例如，借助大数据聚类分析获取学生主体真实有效的信息，并进行横向整合、纵向深化；利用可视化呈现方法向学生清晰地阐明学科知识和实践要求，并增强理论的趣味化、形式的多样化；运用算法分析形塑全新网络搜索生态，分析筛选教育内容，打造直观的预估模型，帮助学生解决价值困惑，深入学生的内心世界，引起学生的精神共鸣，同时加强素质评估，增强方法的可操作性；采用区块链技术设置颜色、智慧认证并用的初始认证机制，进而建立新媒体舆情预警机制，加强主体信息的保密，保证思想政治教育的安全有效传播。高校思想政治教育工作方法的实践性另一方面表现为应用性。这种应用性主要体现在教育者在课堂与课外活动情境中发挥作用的具体方法上。教育者既要向教育对象在理论层面上阐明思想政治教育的内涵与价值，又要在应用层面上指向其"应当做什么""具体怎么做"。例如，将理论灌输与社会实践活动相结合，采用情感体验、反向内省、榜样示范法等方式，在思想政治教育全过程中发挥服务与教育功能，推进理论与实践的相统一。

（三）发展性

发展性是指根据不同时空背景下主体需求和客观实际的变化情况，思想政治教育工作方法不断适应并反映这种变化的特性。高校思想政治教育工作方法的发展性一方面表现在方法本身内在要素会根据现实情况的变化不断与时俱进。首先，主体呈现多元化。主体从原来只有专门从事教育的思想政治教育者（教师）发展为教师、社会组织、新闻媒体、意见领袖等多元参与，扩展了规模。其次，内容呈现时代化。思想政治教育工作方法是彰显思想政治教育内容的外在形式，从过去的突出政治引领，发展为现在的既注重政治引领又关注主体需求，内容呈现生活化、时代化气息。最后，载体呈现创新性。载体形式从传统的课堂载体根据时代的变化逐步丰富为文化、活动、网络载体等多种形式，发挥载体的协同作用也引起了人们的注意。高校思想政治教育工作方法的发展性另一方面表现为技术性。技术性是指互联网、大数据、云计算等技术运用于方法全过程，推动网络信息技术和思想政治教育工作方法的深度融合，是区别于传统工作方法的重要特征。传统工作方法的主要作用场地是线下课堂，强调师生面对面在场，其技术含量低；网络信息技术为思想政治教育工作方法运用提供了全新的作用场域，师生的交往已经转变为无须面对面、网络化进行的实践活动，其技术含量高，这就要求师生必须学习新技术，提升运用技术的能力。另外，技术性客观上包含信息化。高校教育的信息化强调信息理念、技术渗透到教育教学部门的理论与实践中，体现聚焦性和动态性的统一；强调即时共享性，打破了传统教育主体交流沟通的壁垒，实现了主体之间知识信息的共享；强调主体交互性，微信、微博等技术的交互性提供了全新的实践空间，帮助教育者有效推送教育信息，同时帮助学生对网络信息进行自主自觉筛选、理解与认同，使其能够充分理解与把握教育信息，进而内化为自身的思想评判标准。

三、高校思想政治教育工作方法的类型

（一）常规教育工作方法与非常规教育工作方法

从方法的使用频率上看，可将高校思想政治教育工作方法分为常规教育工作方法与非常规教育工作方法。

所谓常规教育工作方法，就是在高校思想政治教育过程中经常性运用的教育工作方法。常规教育工作方法的运用主要指向以下两个方面。一方面，教育者每学期根据既定教育工作目标、内容和任务的相关要求，有目的、有计划、有组织地采取相关教育措施来满足教育工作需要。在社会各方面发展都处于稳步推进的大背景下，人的思想行为变化比较稳定，这在很大程度上决定着高校思想政治教育在教育目标、教育内容、教育任务等方面一般都没什么大的变化，与之相应，将教育主客体和教育环境串联起来的教育方法往往也没什么变化，通常都是沿用

之前的教育方法，或者在此基础上做出某些方面的调整、改进。例如，理论教育法就是一种典型的常规教育方法。高校思想政治理论课是高校思想政治教育的主渠道，高校思想政治教育每学期都要向不同年级的学生分别教授不同的思想政治理论课程，这种理论教育方式长期以来在高校思想政治教育中都是常态化现象。另一方面，教育者采取常规教育工作方法来更好地满足大学生思想行为发展的需要。教育者为引导好学生的思想行为发展前进方向，会经常性运用诸如正面典型或反面典型的方式（典型示范法）来激励或警示大学生，促使其思想行为发展朝着正确的方向前进。

所谓非常规教育工作方法，就是在高校思想政治教育过程中偶尔性运用的教育工作方法。非常规性教育工作方法的运用，主要是针对大学生日常学习、生活中那些不易发生或发生概率较小的相关问题的解决。例如，冲突调解法就是一种典型的非常规教育工作方法，这里的"冲突"主要是指人们在利益、意见、态度及行为方式诸方面不一致和不协调，相互之间发生的矛盾激化状态。在大学校园中，学生之间或师生之间也会因某种利益或意见不一致而产生矛盾，但这些矛盾往往都能在双方的相互理解下得到妥善解决。值得注意的是，大学校园内有时也会发生一些意想不到的、不可控的一些矛盾性冲突，如打架斗殴、示威游行等，虽然这些冲突发生的概率极小，但是其一旦发生，将对校园安全秩序的维护造成震荡和破坏，需要及时采取冲突调解的应急方法来予以化解。

（二）传统教育工作方法与现代教育工作方法

从方法的形成时间上看，可将高校思想政治教育工作方法分为传统教育工作方法与现代教育工作方法。

所谓传统教育工作方法，就是指具有较长形成发展历史的教育工作方法。传统教育工作方法主要指向以下两个方面。首先是中国古代的有效德育方法。我国从古至今一直都很注重对人道德品质的教化，在长久的历史发展进程中形成了诸多有效的德育方法，如社会教化方法和自我修身方法，这些德育方法是通过对人的思想品德形成发展规律和教育规律的不断探索而得来的。虽然社会在不断发生变化，但人的思想品德形成发展规律和教育规律不会改变，而在发展的过程中，人们对这些规律的认识得到了不断深化，与之相应的德育方法也得到了创新性发展。时至今日，这些德育方法在高校思想政治教育工作中仍发挥着重要教育作用，如社会教化方法中的教育灌输、身正示范和环境陶冶等方法，以及自我修身方法中的自省、克己和慎独等方法。其次是中国共产党在革命和建设时期开展思想政治工作所形成的优良传统。中国共产党自成立以来，一直都很重视思想政治工作，在革命时期自觉将思想政治工作同军队建设相结合，在社会主义建设时期自觉将思想政治工作同经济工作及其他一切工作相结合，积累了丰富的思想政治工作实践经验，其中就包括了行之有效的思想政治教育工作方法。例如，批评与自我批评的方法、调查研究的方法和说服教育的方法等。

所谓现代教育工作方法，就是指在新近时期产生的教育工作方法，相较于传统教育工作方法而言，这些教育工作方法形成的时间较短。现代教育工作方法主要指向以下两个方面。首先，从国外借鉴而来的有效教育方法。在各方面复杂历史因素的影响下，一些国家尤其是西方发达国家在经济、文化、军事和技术等领域的发展领先我国，其中它们在思想政治教育领域所积累的一些成功经验也值得我们借鉴性学习。就高校思想政治教育工作方法而言，有益借鉴国外思想政治教育的心理咨询方法，就是一个很好的示例。西方发达国家在心理学方面的研究时间较长，它们不仅形成的理论成果较多，而且较早地将其运用于实践操作，积累了丰富的实践经验。为更好地促进大学生的身心全面发展，高校思想政治教育主动借鉴西方发达国家有关心理咨询方法运用的有益成功经验，不仅在一定程度上解决了学生的心理问题，而且丰富了高校思想政治教育方法体系。其次，针对大学生面临的新情况、新问题而创造的教育方法。随着社会发展的日益复杂化、多样化，大学生的思想行为发展也面临着诸多新情况、新问题，为更好地促进大学生的全面发展，思想政治教育在教育工作方法上也要做出创新性发展以应对教育工作需要。

（三）显性教育工作方法与隐性教育工作方法

从方法的作用形式上看，或者从教育意图的明显程度上看，可将高校思想政治教育工作方法分为显性教育工作方法与隐性教育工作方法。

所谓显性教育工作方法，就是指教育者直接将教育意图让教育对象明显感觉到的教育工作方法。这种教育工作方法强调将教育内容、观点和要求等信息直截了当地告知教育对象，使其能够明确教育目标、教育方向和教育任务。我国高校思想政治教育以显性教育为主，通过显性教育的方式，将系统的教育理论知识有计划、有步骤地传授给学生，并根据学生在教育过程中的表现情况，适时地调整教育内容设计和教育方式安排，从而不断优化教育方案，能够在很大程度上保证教育过程的开展朝着正确的教育方向前进。但这种教育工作方法有着明显的局限性，即容易引发学生的逆反情绪。

所谓隐性教育工作方法，就是指教育者让教育意图不为教育对象明显感觉到的教育工作方法。这种教育工作方法强调将教育内容、观点和要求等信息隐蔽地作用于教育对象，使其在不知不觉间潜移默化地间接接受教育的影响。隐性教育的方式多种多样，并不固定局限于某种特定形式，既可以采取平常聊天的方式进行，也可以通过设计巧妙的活动类项目进行，还可以通过营造良好的教育环境或文化氛围的形式进行。这种教育工作方法的优点在于能够很好地规避因教育对象的逆反情绪而引起教育效果弱化的问题，使教育对象在轻松、愉悦的教育情境下自觉而主动地接受教育信息的熏陶和启迪，进而达到接受教育的目的。该方法的缺点也比较明显，即无法对教育理论知识进行系统性传授，容易使教育对象对教育内容形成表面化的认知和理解，不利于教育对象在正确思想价值观念的树立上形成稳定的、持久的认知。

第二节　互联网与高校思想政治教育的关系

一、互联网对高校思想政治教育的积极影响

（一）拉近了师生间的距离

随着网络发展衍生出来的新媒体软件已成为大学校园中师生沟通常用的工具，从最初的留言板到如今的微信、微博、钉钉等通信工具打破了时空的限制，使师生之间的联系变得更加频繁。在互联网相对开放且隐蔽的空间里，学生的心理压力相对较小，学习主动性得到了很大的提高。此外，平等是互联网交流的一大特征，教师与学生在互动的过程中是平等的个体，拥有相同的话语权，他们会将一些在课堂上发现或留存的问题借助网络来进行交流、探讨。在这样的互动过程中，教师与学生加深了对彼此的了解，从而增进了师生关系。

（二）开辟了高校思想政治教育新平台

在互联网背景下衍生出来的应用软件，为高校思想政治教育创新改革和发展提供了丰富的可能性以及前所未有的契机。今天，高校思想政治理论课程可以在线上视频、音频或者动画的基础上实现可视化的教育信息；也可以通过对新兴媒体软件的利用来创新高校思想政治理论的教学方式；还能在可视化、即时性的数据采集、分析、存储等信息化、数据化平台中强化思想政治教育的工作，并基于实践的基础为高校思想政治教育的创新提供新的可能和方向。

（三）开拓了高校思想政治教育新空间

在大数据共享性、虚拟性以及即时性等特点的背景下，人们可以匿名存在于网络世界中，尽管这样的方式有可能削弱了个人的责任感，但是在网络空间里人们的发言变得更加积极，在网络世界里人人都可以成为思想政治理论课话语信息的传播者和接受者。在网络化背景下，一些应用软件逐渐衍生为教育场所，教育者和受教育者都在通过这些教育场所进行及时的传播和接受教育信息，从而使教育空间得到了扩展。因此，共建共享的数据信息，为高校思想政治教育理论课开拓了教育的新空间，这也是满足社会发展的教育创新新思路。

（四）丰富了高校思想政治教育的形式

信息共享性是互联网技术的关键特点。将互联网和思想政治教育工作结合起来，可以让思想政治教育工作者对不同方面的教育信息进行及时了解；而互联网的即时性、不间断性使信息共享可以随时进行，思想政治课教师的课程发布和学生的学习不必同时进行也能实现较好的教学效果与师生沟通。在高校利用互联网开展思想政治教育相关课程教学的过程中，出现了很多形式，如网络集体备课、专家在线研讨、共享优质网络资源等，部分高校还借助互联网开展讲思政课大赛、微电影大赛等来提升大学生的参与度和获得感。

当然，思想政治教育工作者要认识到，要想充分发挥思想政治课的教学效果，让学生从内心深处认可教材上的观点，就要遵循学生的认知规律以及信息传播的科学规律，循序渐进，有序授课。尤其是在设定教学内容时，一定要注重与学生实际生活的关联，立足学生的生活体验。而借助互联网的作用来设置思想政治课主题、开展师生交流，不仅促进了高校思想政治教育工作效率的提升，而且保证了高校思想政治教育工作的实效性。

（五）丰富了高校思想政治教育的内容

信息技术的快速发展和智能终端设备的广泛应用，极大地促进了高校师生间的信息沟通，为师生随时随地获取信息提供了便利条件，改变了以往由教师主导、学生被动接受知识和信息的局面，拓展了学生的知识面，拓宽了学生获取信息的渠道。尤其是在大数据时代，网络信息包罗万象，为开展高校思想政治教育提供了大量的素材，弥补了教材内容的不足，为高校思想政治教育工作的顺利开展带来了便利。

值得注意的是，由于互联网的发展和应用，网络上的信息量巨大，更新速度快，改变了一些大学生学习的方式。部分学生的学习不再拘泥于课本，他们的知识获取更多源于网络；他们的学习也不再局限于课堂上的固定时间，而是会利用课余零散的时间，从微信等 App 中随时获取他们需要的知识。尽管这些知识不来自课堂，但与课堂上接受的知识一样，会在潜移默化中影响大学生的世界观、人生观和价值观，一定程度上使高校思想政治教育的内容变得更加完整。

（六）丰富了高校思想政治课教育资源

数据不仅是保障信息、知识以及智慧的基础，而且是数字化时代的新型教育资源。传统的思想政治课的教育资源的存储空间十分有限，而在互联网、大数据背景下，教育资源的存储得到了有效的突破，在云空间中可以存储大量的丰富多样的教育资源，而且查用也十分方便。此外，大数据具有数据多样以及价值丰富的特点，通过其特点可以有效地吸引众多的学习主体去开发教育资源。网络新型课堂就是教育资源开发的创新成果。这样的课堂充分地借助了网络的优势，打破了传统方式受时间、地点限制的桎梏。这种授课方式也有效地促进和调动了教学过程中教师的教学积极性和学生的学习积极性。同时，教育者还可以通过网络得到大量的教育信息，并通过网络技术对其进行分析，及时调整课程，及时反馈教学的效果。

二、互联网对高校思想政治教育的消极影响

（一）影响了高校思想政治教育开展环境

环境是环绕在人的周围并给人以某种影响的客观现实。在互联网时代，很多事物都在互联网的基础上得以迅速发展。对高校思想政治教育工作来说，通过互联网环境引导大学生形成正确的思想观念和做出合时宜的行为是一种有效并且高效的教育方法。互联网可以为人们提供多种多样信息和功能，它们在丰富人们生活的同时，也给人们带来了一些消极、反动、腐败的信息。大学生整体上缺乏阅历和经验，这些不良的信息会影响一些人的世界观、人生观、价值观和行为的选择，甚至会让一部分大学生的思想道德观念发生偏差。

（二）网络文化给大学生思想带来巨大的冲击

我们可以说网络是一个巨大的宝库，因为人们可以便捷地获得各种有用信息，但不可否认，网络还是一个万花筒，里面还包括很多不健康的信息，且网络传播具有速度快、成本低、虚拟性、隐匿性的特点，导致多元化的网络信息造就了多

元化的文化理念。面对纷繁的网络信息，大学生缺乏较强的分辨能力，他们的思想、行为容易受到影响，从而出现盲目跟从的现象。随着网络文化的日益普及，在很大程度上影响了大学生的思想和价值取向。

我国大学生入学年龄一般在 18 岁左右，在传统的认知上，他们已经属于成年人的范畴，但从心理教育的角度来看，他们还处于身心发展的最后且最关键的养成时期。大学生阅历和经验的缺乏，使其往往不能准确地判断网络信息是否正确。一些大学生在遇到生活、思想、学业等问题时，并不是通过自己所拥有的知识、理论、实践来找到解决的方法，也不是向亲友、师长求助，而是通过检索工具直接寻找答案。长此以往，大学生的创新思维就会被逐渐削弱，造成严重后果。

（三）互联网的娱乐化、碎片化对高校思想政治教育影响大

互联网具有十分显著的碎片化和娱乐化特点，所以，通过互联网所学习到的知识也会存在这方面的问题。微课、慕课等都是常见的以互联网技术为载体的思想政治教育方式，但是这些课程很多时候关注的是短小精悍，只会选择一些比较重要的核心内容进行讲解，让原本完整的知识体系变得碎片化，难以将已有的思想政治教育有关内容形成新的有机体，充分发挥两者优势。

高校思想政治教育的内容本身是一个完整的知识架构，很多内容之间存在着联系，基于互联网开展的教学，呈现出碎片化的特点，就会割裂完整的知识体系，或者是让学生重复学习一些重点知识，这对于高校思想政治教育工作的开展都会产生一些不良影响。

第三节　互联网环境下高校思想政治教育工作方法创新的内涵

一、互联网环境下高校思想政治教育工作方法创新的概念

随着互联网时代的发展，高校思想政治教育工作方法的追求目标、实践内容、教育对象、运用环境等在不断发生变化，人们的思想、行为也在不断变化，思想政治教育任务需要不断更新。因此，根据人类社会发展规律、人的思想政治品德形成规律、思想政治教育工作方法创新的规律，立足时代环境的变化，思想政治教育形式和手段的创新，对解决受经济全球化、信息化环境变迁带来的各种复杂的矛盾和疑问，具有深远意义。所谓的思想政治教育工作方法创新，是指教育者

为了更好地达到思想政治教育目的，在遵循思想政治教育工作方法创新相关规律的基础上，根据环境、目标、内容、对象等变化，及时改进或者创造新的教育方式，以提高思想政治教育工作方法的适应性、针对性和有效性，顺利完成思想政治教育任务。

对高校思想政治教育工作方法创新的内涵的解析和把握，可重点关注以下三个方面。

第一，它的起因是思想政治教育各要素发生变化。一方面，外部环境的变化影响思想政治教育方法的制定、运用和生效。环境在人的实践中发展变化，却不会因为人的意志变化而发生转移。而人自始至终都处在一定的自然环境和社会关系之中，环境的变化会导致人的思想政治品德也随之发生改变，因此适时创新思想政治教育工作方法非常必要。另一方面，教育环境变化导致处在这一特定环境下的思想政治教育目标、内容、对象等因素也随之发生改变，从而引发了方法的不适应性，亟须调整和创新教育工作方法以适应新教育环境和教育目标，增强教育实效性。

第二，它服务的目标是实现思想政治教育的目的和任务。高校思想政治教育工作方法创新的特定目标是增强方法的适应性、针对性和实效性，顺利完成思想政治教育的任务。目标任务的实现就是方法价值的实现。在这一过程中，要注意方法创新应遵循相关规律，确保方法革新的科学性和合理性。

第三，它主要的方式是改进不合时宜的方法或者产生新的教育方法。高校思想政治教育工作方法创新包括三种方式：原始性创新、融合性创新和继承性创新。继承性和创新性相统一是当代思想政治教育工作方法的重要特征之一，也就是说，方法创新既需要继承也需要创新。改进不合时宜的旧方法，就是否定其不合理成分、发展合理成分产生新的功能来实现方法的继承性创新；旧方法是方法创新的基础，新方法的产生赋予方法的发展生机和活力。因此，高校思想政治教育工作方法创新可通过改进不合时宜的旧方法或产生新教育方法的方式进行。

二、互联网环境下高校思想政治教育工作方法创新的意义

（一）丰富和完善思想政治教育方法体系

为了加快推进 2030 年教育目标的实现，高校需要向网络技术借力，推进教育教学方法的丰富和创新，探索运用互联网技术实现教育教学方法的多元化、多样化，评价的过程化和灵活化，从而不断地提高高等教育教学的实效。在高校思

想政治教育工作过程中，教育主客体之间、教育目标与任务之间以及其他因素之间的矛盾运动，推动着思想政治教育工作不断追求高质、高效。而要达到矛盾的解决，则需要实现思想政治教育者、受教育者、教育方法等革新和发展。在新形势下，作为教育主客体之间的纽带和中介，思想政治教育工作方法的优化和发展必须借力互联网技术。具体而言，互联网技术与思想政治教育工作方法的融合创新可有效地对庞大的网络信息数据进行挖掘和目标筛选，实现对社会主义主流意识形态的智能的、精准的分众分域传播，扩大主流价值观念的影响幅度；可革新旧的思想政治教育教学方式，加快进行人机协同的多维度交流平台构建，打破时空界限，以喜闻乐见的多媒体和网络式交互代替枯燥单一的教育方式，实现线上线下相结合的协作和交流；也可实时观测思想政治教育过程，及时地进行综合的教育效果反馈和数据评估等。根据教育的需要，教育者充分利用互联网技术的强大优势，可以实现动态调整和革新教育方法，推动方法发展的信息化、智能化、时代化和科学化，提高方法体系的完善性。

（二）增强高校思想政治教育的有效性

高校思想政治教育的有效性是指思想政治教育预期目标的实际完成情况，具体来说就是思想政治教育的效果能够转化为大学生内在思想观念、价值导向和行为选择。提升高校思想政治教育的有效性，既是满足大学生全面发展、成长成才的内在要求，也是加强和改进思想政治教育工作方法的迫切要求。可从以下三个方面来增强高校思想政治教育的有效性。

第一，提高思想政治教育工作方法的科学化水平，增强其可操作性。在互联网时代，思想政治教育工作如何有效传递教育信息，如何让受教育者自觉选择方向正确、观点鲜明的教育信息从而形成自己的知识体系，方法的科学性起到了重要作用。科学化水平不仅表现在物质基础（如计算机设备、云计算技术等）上，更表现在科学理论知识体系（如传播学、控制论等）上。因此，创新思想政治教育工作方法是推进科学化、增强系统化的内在要求。

第二，完善思想政治教育的内容体系。思想政治教育理论虽然在思想政治教育实践中得以不断总结、提炼，在内容、规律、价值、管理等方面形成了初步的学科理论体系，但是思想政治教育理论体系仍然处于不完善的阶段，仍有发展空间。高校通过教育工作方法的创新，能够将社会主义核心价值观、中华优秀传统文化、人类共同思想价值新成果更好地融入思想政治教育内容中，把握思想政治教育主体的思想观念与社会时代的要求，推动高校思想政治教育实践纵深发展，推动完善学科体系，推动思想政治教育理论的丰富。

第三，增强高校思想政治教育的有效性。高校思想政治教育活动总是借助一定的方法来实现育人目的的。在网络传播中，这个活动过程是在虚拟空间通过"主体—媒介—主体"之间的信息交流与互动来实现的。在此过程中，思想政治教育各要素具有交互性、系统性的特点。这种交互性、系统性实际上依赖于媒介融合过程中的关联性。换言之，受教育者的需求通过网络传递给教育者，教育者收集、分析和研判受教育者的需求，并运用具体方法对受教育者进行教育。同时，网络的主体交互性促进了大众化传播，具体表现在：互联网匿名性能够有效地隐藏主体的身份，思想政治教育教育主体作为信息传播的节点，在网络空间中进行观念交流和思想交锋，促进思想政治教育主体的交互性，实现思想政治教育大众化传播。此外，运用互联网技术能够有效促进精准化教育。这种精准化表现在精确区分需求群体，并根据不同群体进行个性化、针对性的传播。

（三）促进大学生线上线下协调发展

在网络时代，大学生的学习已离不开网络。因此，创新高校思想政治教育工作方法，是引导大学生在虚实空间中生存和发展的重要途径。

1. 提高媒介素养

网络空间作为思想交锋的舆论集散地，主流意识形态与非主流意识形态是共同存在的。面对芜杂的媒体信息，高校思想政治教育工作者需要创新工作方法，加强大学生网络法治教育，正确引导大学生的思想观念与行为选择，帮助他们选择正确的价值观念与政治立场，提升其明辨是非的能力，增强其信息筛选的能力，使其学会自觉抵制错误社会思潮，维护网络空间正义，自觉传播正能量。

2. 矫正异常行为

网络异常行为是违反网络规则或主流意识形态行为准则的病态消极行为，包括网络犯罪行为、网络沉迷行为、网络恶搞行为等。这种行为实际上是现实社会在网络空间的缩影，具有极端的情绪化、形式的多样性、较大的社会影响力等特点。由于网络空间是一个自成体系的社会系统，因此异常行为的矫正仅靠现实环境中的教育引导与惩罚很难有效改变。高校思想政治教育工作者需要把握大学生异常行为主体的思想特质与行为特征，创新思想政治教育工作方法，加强制度约束与舆论监督，有效规制大学生网络异常行为。

3.促进全面发展

教育的本质是促进人的全面发展。在网络环境下，网络信息传播与反馈呈现理性与非理性相结合的特点，大多数大学生会通过感性认识进行价值评判与自我评价，这就导致评判的结果难以具有客观性，也影响人的全面发展。因此，要想构建"全面发展的人"，就必须从大学生的实际出发，促进大学生网上网下协调发展，释放大学生主体的创造活力，激发个体实现自身的价值目标与指向。

第四节 互联网环境下高校思想政治教育工作方法创新的路径

一、互联网环境下高校思想政治教育工作方法创新的理念

高校思想政治教育工作方法的理念是教育者在实践过程中选择和运用思想政治教育工作方法时起到帮助和指导作用的根本思想。站在互联网发展的背景下创新思想政治教育工作方法，实现智能思维、智能技术和智能方法的融入嵌合，首要前提是明确方法创新的理念层面，以科学的理念实现对方法创新过程的指导，从而保证思想政治教育工作方法创新的科学性和价值性。

（一）树立人文关怀的理念

1.重视和强化受教育者的主体性

在思想政治教育工作中，教育者的主体性是非常重要的。随着网络技术的发展，人工智能的大数据、深度学习和强算力带来了海量数据信息，类型多样、信息多元，已经远远超出了教育者与受教育者以往的知识范围，而广阔自由的交流平台吸引着受教育者充分表达自身的主观意愿、发表自己的意见和诉求，换言之，受教育者逐渐拥有了较多自主意识，个性特征越来越明显。对高校思想政治教育工作来说，环境等外部因素逐渐发生改变，每一位受教育者都能追求发挥自身的特殊性而存在，因而对思想政治教育工作方法的接受和需求也有所不同，思想政治教育工作方法被更进一步要求实现受教育者的个性和主体性。主体性作为受教育者的特性，是教育者采用思想政治教育工作方法对受教育者实现教育改造的过程中所表现出来的人本特性。高校思想政治教育工作方法在创新的过程中，呈现以人为中心的特点，走向以人为本的发展趋势，使受教育者得到极大的关注、尊

重。受教育者作为能动主体，对其进行系统性、组织性的教育实践活动，必须让受教育者内在形成需求和信念，对教育的目标和要求产生认同，并产生动机，展开自觉行动并主动调整行为，给予教育者的教育以有选择性的回应，从而完善自身的道德水平。因而，在高校思想政治教育工作方法创新和实施过程中，教育者要充分认识、尊重和强化受教育者的主体性，这直接影响着高校思想政治教育工作的过程和结果。

2. 注重满足受教育者的主体需求

在高校思想政治教育工作方法创新过程中，教育者要从受教育者的内在需求出发，规范和运用思想政治教育的具体方法。在互联网技术研究和运用火热的今天，互联网技术给思想政治教育工作方法创新带来了全新的改变。单向灌输和讲授方式已经逐渐不再适应时代的发展，转而追求更全面的教育信息把握，开展教育者与受教育者之间双向信息交流，注重受教育者心理疏导和情感情绪沟通的方式，形成信息多元、方式多样、形式智能、感染力吸引力强的教育教学模式。例如，大数据的信息数据采集、推理、预测等强大技术功能能够帮助思想政治教育工作者全面地采集受教育者的方方面面的信息，使教育者能够更准确地认识受教育者、把握受教育者内在的主体需求，从而精准有效地实现针对性的教育教学。在智能时代，在坚定坚持思想政治教育工作的特殊价值性、坚守好其理论基石和目标遵循的前提下，高校思想政治教育工作要打破信息孤岛，更多地运用网络技术进一步了解受教育者的选择倾向，把握好理性与感性的结合点，以民主、开放的原则和方式加强交流，使受教育者充分展现思想个性、增强认识能力、提高思想高度，让受教育者感受到自身处在一个被人尊重、需要、关怀的和谐的教育环境中。

（二）弘扬科学精神的理念

所谓科学精神理念，是指在互联网背景下，教育者在进行思想政治教育工作方法创新时，必须从科学的观点和立场认识思想政治教育工作方法创新的各个要素，遵循思想政治教育工作方法发展规律和受教育者发展规律，以科学的态度把握方法创新的内在机理，使各项活动符合思想政治教育工作方法创新的规律的思想理念。

立足互联网技术迅猛发展和广泛运用的全新时代环境，在思想政治教育工作中，创新追求科学精神、按规律进行实践改造显得尤为重要。因为，整个自然界是受规律支配的，人类社会思维的发展过程也必须按照固有的内在规律进行。只要教育者能够把握方法创新的内在规律，并依照一定的规律在互联网背景下开展方法创新，就能够保证创新的教育工作方法的科学性和效力。

弘扬科学精神理念，必须遵循相关规律，按规律办事。其一，要全面地认识方法创新所处的环境，深刻理解互联网的理论观点和技术运用，以期全面地认识所处时代的整体面貌和发展现状，提高教育者的理论素养，认识互联网技术发展出现的现象，解释和解决技术存在的问题，从而指导互联网技术赋能思想政治教育工作方法创新。其二，要遵循方法运用和创新的客观规律和理论，掌握方法要素之间的内在联系，把握好整个创新过程的定位和关系，明确思想政治教育工作方法创新的发展方向，从客观实际出发指导创新实践。其三，要把握好人工智能与思想政治教育、思想政治教育工作方法之间切实存在的理论契合性和技术切合性，处理好人工智能与人的智能的地位关系，从而实现深度的融合创新，丰富发展互联网环境下高校思想政治教育工作方法的形态。

（三）实现教育现代化的理念

1. 反映时代发展和教育实践要求

事物的发展是螺旋式上升的运动变化过程。思想政治教育以及思想政治教育工作方法作为社会历史实践发展的产物，始终跟随时代的发展而不断变革、创新。目前，在互联网技术的强势推动下，人类的生产生活方式、认识方式、行为方式和发展方式发生改变，人类信息获得、信息处理和信息传播的方式也在快速变化，人类社会正逐步深入走向全面智能化、信息化的时代。在此背景下，思想政治教育及其工作方法面临着新的时代要求和新的发展需求。为了适应时代发展需要、满足教育实践要求，思想政治教育工作方法需随着社会发展不断更新换代。大数据、深度学习等新兴科技能为方法创新赋能，以使创新的教育工作方法切合经济全球化、智能化、信息化、网络化的发展趋势，从而满足社会安定和谐的发展要求，满足教育实践活动的发展需要。反过来，思想政治教育工作方法创新能够促进受教育者的自身成长，提高受教育者的整体素质，推动方法体系的丰富完善，增强思想政治教育的时代回应力度。

2. 朝着现代化和综合化趋向发展

在互联网发展背景下，高校思想政治教育工作方法创新不仅要实现现代化，而且要注重手段的综合化。其一，思想政治教育工作方法创新要体现现代化。要积极探索新兴智能技术与思想政治教育工作的环境、内容、方法、科研等的融合发展策略，建立智慧化的网络教育平台，推进在智能技术强力支撑下创新教育教学方法，全面推进方法现代化。具体而言，思想政治教育工作要借助智能科技创新工作方法，推动教育信息调查、采集、处理和挖掘等手段的现代化，促进思想信息传播、反馈、效果评估等方法的现代化，提高教育环境建设和优化的现代化水平。其二，高校思想政治教育工作方法要趋向综合化发展。随着新技术的不断发展和社会复杂矛盾的凸显，人类社会处在新的综合化的时代，思想政治教育工作面临的环境也更加纷杂多变，因此思想政治教育工作方法必须走综合化的道路。在网络技术的强力赋能之下，思想政治教育工作方法现代化发展以及方式手段创新的多样化发展为综合化运用提供了条件。

二、互联网环境下高校思想政治教育工作方法创新的原则

（一）遵循以教师为主导、以学生为主体的原则

遵循以教师为主导、以学生为主体这一高校思想政治教育工作方法创新原则，有利于增强高校思想政治课程的感染力和号召力。而且，思想政治课是一门方向性和导向性较强的课程，需要对高校学生进行科学的舆论和意识指导。随着当今时代环境的复杂多变，高校思想政治课要在强化科学探究、改革教学方式以及确保教师主导功能发挥的基础上实现创新。此外，在教师主导地位得到保证的同时，高校思想政治教育工作要对学生的主体位置加以明确，保证教学观念的科学性，这样才能使学生充分投入课堂教学中，从而使学生的自主性和创新性得到充分挖掘。

（二）遵循德育和智育相统一的原则

对于高校思想政治教育教学而言，其重点是帮助学生提升思想道德涵养和行为道德修养。在德育的观念上，高校思想政治教育以贯彻社会主义关键价值为目的，以培养学生爱国思想、集体主义和社会主义为关键内容，以期实现学生品德和素质的提升。而在教育体系上，高校思想政治教育是使学生创新观念、发散思维的关键性教学方式。对于教育创新来讲，高校思想政治教育课堂始终要以学生为主体，带给学生一个培养创新精神和思想的有利环境。高校思想政治课需要把德育和智育教学相统一，并通过教师的指导使学生全方位、多视角地处理和研究生活中的难题，进而形成发散思维和创新能力。

三、互联网环境下高校思想政治教育工作方法创新的策略

（一）推进高校思想政治教育工作方法的内涵建设

理念先行是创新高校思想政治教育工作方法的前提，也是方法内涵建设的重要方面。

1.准确把握思想内容

思想内容是思想政治教育的核心要素，也是思想政治教育工作方法所蕴含的价值信息。思想内容涉及社会意识形态和道德规范、教育对象实际情况和思想政治教育环境特点，其本身的学理性关乎思想政治教育有效性的发挥。因此，高校思想政治教育工作者要准确把握思想内容，坚定马克思主义立场，贯彻社会主义核心价值观。

①思想内容必须合乎真理性，坚持马克思主义立场。高校思想政治教育要坚持以中国特色社会主义实践为内容，坚持其生成土壤，坚持实事求是、理论联系实际的原则，把握整体性，坚守理论自觉；同时要善于提炼问题，选择合适文本和话语，精准设置内容课程。

②思想内容必须坚守政治性，培育社会主义核心价值观。政治性是指思想政治教育所坚持的政治取向，这是思想政治教育工作方法与其他方法区分的重要标志。思想内容的政治性主要体现在三个层面：宏观层面上表现为政治意识形态性；中观层面上表现为政治价值观；微观层面上表现为人生方向性。基于此，高校思想政治教育要将政治意识贯穿始终，加大精神性内容的供给，增加社会主义核心价值观内容的比重，科学设置内容序列，自觉贯彻国家意志；同时注意内容的时效性，以国家政策、社会实践以及教育对象思想行为变化为依据，统筹思想、政治、道德、法治等多个层面的内容，在师生互动、思想交流中发挥价值培育的功能。

③思想内容必须具有针对性，树立"学生为本"的教育理念和"学科互涉"的教学理念。"学生为本"的教育理念强调学生是教学活动的主体，在强化育人目标的过程中，应遵循学生成长成才的规律开展教育实践活动。这就要求高校思想政治教育工作者在开展理论教育和实践教育之前，要深入学生主体进行深入调研，准确把握学生的心理变化和行为期待，为教学活动奠定基础；同时将"社会发展的客观需求"与"学生自身素质提高的主观需要"紧密结合，注重人文关怀和学生体验，激发学生的学习积极性，努力摆脱自问自答的尴尬境遇。此外，新技术的应用使学科交叉成为可能。思想政治教育工作者要树立"学科互涉"的教

学理念,即树立多学科的思维方式,借鉴、吸收和融合其他学科的方式与手段,以促进思想政治教育工作方法的发展。

2. 培养创新意识,树立多媒体思维

(1)遵循创新思维,积极求变

高校思想政治教育工作者在方法创新过程中要树立问题意识,加强话语层面、传播层面、实践层面的问题探究,积极求变。其一,自觉使用新媒体的话语体系,选用新颖、短小的内容贴近学生主体的生活,提升教学语言的人情味、艺术化,对思想政治教育进行有温度、接地气的人性化传播;同时注重教学语言的转化,突出语言的幽默性、流行性、时代性,发挥方法内在的理论价值,切实让思想政治教育从课堂上的抽象理论转变为学生现实中的社会行动。其二,创新思想政治教育工作方法的传播渠道,利用融媒体中心等多种途径进行传播,推进媒体深度融合,促进"官方舆论场"和"民间舆论场"的良性互动,增强传播的互动性,增强网络意识形态的凝聚力。

(2)遵循主动思维,主动设置议题

在马克思主义理论指导下,一方面高校思想政治教育工作者应当充分把握多媒体传播规律,主动设置、引导政治议题,并充分考虑学生的认知水平,仔细研判网络舆情,宣传社会主义核心价值观,引导学生形成正确的价值观念,增进学生对社会主义意识形态的认同感,在网络空间抢占引导先机。另一方面,高校思想政治教育工作者应当主动运用多媒体技术,聚焦育人价值、文化价值等契合学生成长发展的内容,不断从技术引入实现人机互动的转变,实现主体性和主导性的有机统一。

3. 强化主体间平等互动,增强阵地意识

主体间互动是指思想政治教育工作方法运用的实践过程中双主体之间的互动关系。这种主体间互动能够增强教育者的角色威信,提高教育互动中的感染力。因此,思想政治教育工作要加强主体间的平等互动,建构主体的"在场"状态。

(1)创设生活情境

教育者既要向受教育者传授知识,又要注重受教育者的个性化发展。在高校思想政治课教学中,一方面,教育者要学会利用多媒体技术,努力构建教育主体、教学资源、新媒体技术等多种维度的协同模式,积极创设生活情境,引导学生在具体情境中客观分析社会现象,把握背后的理性精神。另一方面,教育者所采用的教育工作方法要贴近学生实际。情境教学法本身具备着主体的互动性,因此思想政治教育工作者在设计情境的过程中要考虑到学生的实际情况，关注学生的情感诉求，尊重学生的精神需要，实现思想政治教育的人性化，真正促进学生的成长。

（2）建设网络教学模式

多媒体平台以技术连接起教育双主体，使二者能够实现网络空间的"虚拟在场"。在高校思想政治教育工作中，要运用新媒体融合技术，建设网络教学模式，设置网络教学资料模块、视频课程模块和互动模块，引导学生通过在线交流等方式表达利益诉求和价值困惑，并强化主体间的平等互动，构建良性课堂生态，从而让技术真正为课堂服务。

（3）增强阵地意识

思想阵地是加强高校思想政治教育工作的基本依托。高校应当鼓励教育资源共享，开通多媒体阵地，融入学生的生活，形成强大合力。一方面，高校可构建多媒体矩阵，利用多媒体媒介形态融合和空间传播即时的优势，实现多媒体矩阵与课堂教学的深度融合。另一方面，高校应完善多媒体平台体系，增强系统化思维。高校应当进行战略部署，探索与完善平台体系建设，发挥校园媒体的传播功能，激发社会媒体的活力，展现多媒体矩阵的能动性，形成融合发展的高校多媒体矩阵平台，将教育资源实现静态向动态转换。

（二）提高高校思想政治教育工作的亲和力

1. 知行合一，务实推进实践教学

高校要想切实提升思想政治课的亲和力，有的放矢地上好思想政治课，必须"心中有爱"，要抓好关注学生、服务学生的关键环节，要通过拓展实践活动形式、丰富实践育人活动内容等多种方式务实推进实践教学，真正做到以学生为主体。

（1）拓展实践活动形式

实践活动是课堂教学的必要延伸和有益补充。高校要通过丰富的实践活动形式，创设一系列学生喜爱的实践活动，并拓宽实践活动渠道，提升学生的情感认同和价值认同，不断提升实践教学的亲和力。

①创新实践形式，提升学生的情感认同。

一是开展适当的课堂实践。在这个过程中，教师要注意时刻关注学生，起到观察、点评等辅助作用，并且要注意情感认同，让学生占据课堂的主体地位。

二是开展相应的网络实践。实践教育可以充分利用互联网技术，以实体展馆为依托，建立虚拟网络展馆。例如，将实体展馆中的有关文字、图片、模型等在网络展馆上进行展示，使学生足不出户就可以感受文化的魅力，体验到"身临其境"之感。

②拓宽实践育人活动渠道，增强价值认同。实践价值的认同是提升亲和力的前提，若学生认为实践活动毫无意义、教师对实践教学不关心、社会各界对实践教学不重视，那么实践教学的亲和力便无法"释放"出来。因此，要以拓宽参与实践育人的活动渠道为基础，通过增强学生、教师以及社会各界对实践教学的价值认同来提升实践教学的亲和力。

一是要提升学生的参与意识，调动学生的积极性。美国教育家约翰·杜威在其《民主主义与教育》中提到，教育并不是一件简单传达、告知和被告知的事情，而是一个主动和建设性的过程。在实践教育过程中，要确保学生的主体地位，确保每一位学生都积极地参与进来，提高实践教育的实效性。

二是要加强教师对学生实践活动的引领，通过答疑解惑提升实践过程的亲和力。教师是学生实践活动的引路人和领导者，离开教师的引领，学生易偏离实践目标，达不到实践教育的真正目的。因此，要加强教师在实践过程中的引导作用。

三是要做到各层级参与、全员协同，确保实践活动在多环境、多层面下顺利开展。在高校思想政治教育过程中，学生社会实践要想顺利开展，不仅需要学生主观意识上的积极配合，而且需要社会各界的大力支持，从而确保提升大学生实践活动的有效性。

（2）丰富实践育人活动内容

面对社会的复杂变化，面对理想与现实的碰撞，大学生很容易受到错误思潮的影响和冲击。因此，在实践过程中，实践内容要体现因势利导、因势而新，创设有针对性的实践活动、有创新性的实践内容，提升实践育人内容方面的亲和力。

一方面，实践内容要有针对性，注重因材施教、因势利导。因势利导，是指顺着事情发展的趋势，向有利于实现目的的方向加以引导，即在遵循事物发展的客观规律、遵循教书育人和学生成长规律的情况下，扎实推进思想政治教育工作。

另一方面，实践内容要有创新性，注重因势而新。"做好高校思想政治工作，要因事而化、因时而进、因势而新。要遵循思想政治工作规律，遵循教书育人规律，遵循学生成长规律，不断提高工作能力和水平。"习近平总书记对拓展和创新高校思想政治教育途径指明了方向。实践教学是思想政治教学中的重要环节，是因势而新的重要体现。要用好实践教学这一主渠道，思想政治课必须着力增强实践过程的亲和力和针对性，满足学生成长发展的需要。

2.典型示范，发挥榜样引领作用

（1）建立科学合理的榜样选树标准

从人类文明诞生以来，榜样就一直存在于社会当中，是人们生活的精神脊梁。今天，在新一代意气风发的大学生中开展榜样教育，是顺应时代发展的需要。因此，建立科学合理的榜样选树标准是值得研究的重要课题。选取具有时代性、生活性的榜样，并注重榜样素材的多样性，才能体现榜样教育方法的亲和力。

首先，榜样选树标准要具有时代性。每个时代的背景不同，所选取的榜样标准也不同，榜样的选取一定要符合当今时代的发展需要。在战争年代，那些抛头颅洒热血的革命英雄为人们树立了榜样；在和平年代，在工作岗位上甘于奉献的劳动模范为人们树立了榜样。时势造英雄，根据时代的发展树立新的榜样更能够激励、引导人们前进。因此，要根据这一代大学生所处的社会背景，建立科学的榜样选树标准。

其次，榜样选树要具有生活性。榜样人物的选树只有回归于生活，贴近大学生生活实际，才能让榜样走进大学生的内心，才能"接地气"。通过选取贴近大学生的青春力量作为榜样，能够激发大学生的爱国情怀，激发其昂扬斗志。另外，大学生就业问题也是一个热门话题。面对大学生就业压力的不断增加，高校可以通过榜样教育引导学生调整好心态，树立正确的就业观、择业观和创业观。

最后，榜样选树要具有多样性。每个人都是独特的个体，具有独立的思想。在当前价值观多元的时代，大学生受到自身主观条件和客观环境的影响，成长环境各不相同，思想与行为存在着差异，对典型、榜样的需求类型也不尽相同。因此，高校在选树榜样时，也应从多方面入手，尽量使更多的学生得到激励。

（2）构建有效的榜样示范教育模式

要提升榜样教育方法的亲和力，就要通过优化环境协同育人、不断丰富榜样示范的教育方法以及提升大学生对榜样示范教育的认同三种方式，来构建有效的榜样示范教育的模式，助力榜样示范教育亲和力的提升。

首先，要营造良好的榜样示范教育环境。通过优化家庭、学校、社会环境，营造良好的榜样学习氛围，助推教育发展。

其次，丰富榜样示范教育方法。榜样示范的教育方法有很多种，在新的时代发展形势下，方法也要随之更新，要根据新时代大学生的成长需求优化教育方法，从情感入手，以榜样为载体，引导学生产生共鸣，形成精神共振，通过以情化人的方式提升榜样教育方法的亲和力。

最后，要提升大学生对榜样示范教育的认同。只有在学生认同的情况下，亲和力才能有效"释放"。要构建有效的榜样示范教育模式，不仅要优化环境，丰富教育方法，而且要从学生自身出发，注重学生的主体性，提升他们对榜样示范教育的认同感，提升榜样示范教育的有效性。

（三）促进高校思想政治教育的平台建设

1.利用新兴技术，实现高校思想政治教育精准化

高校思想政治教育工作方法的精准化有助于满足思想政治教育主体的个性化需求，同时，利用新兴技术也能够促进教学手段的科学化、智能化、信息化。

（1）遵循大数据思维，创新全景数字法

大数据思维是指在大数据技术应用过程中，从大数据技术的视角分析、解决具体问题的思维方式。大数据思维体现了人的高效数据信息检索能力和信息聚合能力。高校思想政治教育工作者可以利用大数据与技术，在大数据算法推荐的基础上开展实践活动。一是提高数据的收集与获取能力，制定统一的数据收集标准，努力实现全样本的数据共享；二是提升数据分析能力，对于大学生的学习习惯以及兴趣点等进行全方位的分析，同时对大学生进行个性化、智能化、精准化的信息匹配，真正做到智能推荐、科学供给；三是建立网络思想政治教育大数据中心，在遵循多媒体发展规律的基础上，从海量的数据中找到大学生思想动态的演变规律，通过科学匹配、精准分析、及时纠正思想偏差，实现对大学生的思想政治教育。

（2）树立小数据思维，创造模拟画像法

小数据是对大数据的补充，它在把握教育对象、个人隐私、实施成本等方面具有大数据无法比拟的优势。因此，在高校思想政治教育工作方法创新的过程中要重视并运用小数据，来对大数据进行查漏补缺。一是为教育对象打造个性化服务系统。思想政治教育工作者利用小数据思维，通过对个人行为数据进行收集与挖掘，打造个人数据空间，创造模拟画像。同时，思想政治教育工作者可利用微信、微博等社交媒体的记录自动生成数字痕迹，对数据进行文本和情感色彩分析，识别出教育对象的知识结构、兴趣偏好、价值立场等信息，实现精准画像，以便于精准出击，实现个性化教学。二是预测教育对象需求。思想政治教育工作者可通过收集教育对象的行为数据，进而对数据进行预处理，建立需求预测模型，再到评估与优化模型，预测对象需求，对教育对象的满意度进行评估，最终回到数据收集，这样形成一个完整的闭环，准确预测出教育对象的学习、社交、科研等需求。三是个性化推荐。在预测完需求之后，思想政治教育工作者可根据教育对

象的不同需求进行分类，制定个性化的精准推荐，更好地为教育对象服务。

2. 研发精品课程，促进思想政治教育内容的可视化

（1）加大课程研发，建立精品课程网络平台

一是利用平台系统整合信息资源整合。从信息传播的终端出发，舍弃内容质量不高、重复性高、访问量低的平台，重点建设内容含金量高、吸引力强、形式新颖的优势平台。二是打造特色的思想政治教育学习平台。在学习生活方面，通过开发特色 App，开设思想政治微课堂，积极创设点播式教学平台，让学生可以自觉、主动地选择学习内容、学习类型。同时，高校思想政治教育工作者需要在不同平台推进新思想的传播，将思政小课堂同社会大课堂结合起来，巩固、壮大互联网时代的主流思想舆论。

（2）构建可视化课堂，实现虚实相接

虚拟空间的思想政治教育方法是对物理空间的思想政治教育方法的补充与支撑。高校思想政治教育工作者可充分利用 VR 教学、虚拟展览等虚拟场景，对思想政治教育文本进行情景化、特色化制作，让学生全方位、身临其境进行视听体验，切实提升教育效果。VR 教学是顺应全媒体发展需求以及学生认知水平、学习方式变化的新兴教学形态，具有时代性和便捷性。高校思想政治课教学可充分利用三维虚拟仿真的多场景 VR 资源，对文本与情境进行智能化切换。

3. 实行媒介融合，改善思想政治教育信息传播格局

媒介融合是指在数字技术的推动下，新旧媒体在技术、传播渠道、内容表达等方面的深度融合。多媒体的发展是一个动态发展的过程，新媒体与传统媒体呈现出共生共长的关系，二者在竞争与融合中得到发展。高校思想政治教育方法要跟上技术发展的步伐，采用相通融合方式，优化传播生态，改善思想政治教育信息传播格局。

①对传统媒体而言，创新协同发展法。协同发展法强调的是传统媒体要自觉运用网络设备，与新兴媒体实现相通融合、互相补充。传统媒体要利用新媒体的融合优势，逐步打破媒介壁垒，在保证信息真实性的前提下，聚合社会的优质资源，挖掘自身价值，增强内容本身的趣味性、多样性和灵活性。同时传统媒体要优化相关配置，推动自身的现代转型，联合短视频和直播新形式，发挥主流意识形态传播的权威优势，努力形成传播集群效应。

②对新兴媒体而言，发挥新兴媒体的张力与活力。传统媒体与新兴媒体是一种融合关系。在传统媒体和新兴媒体兼顾发展的过程中，高校思想政治教育工作

要自觉发挥新兴媒体的生命力，构建意识形态话语权相关的信息内容，逐步向学生多平台、全方位地推送正能量的资源，同时引导学生在线上接受主流价值观念、传播正能量、进行信息反馈等，努力形成信息发布、流通、反馈的闭环通道，实现思想政治教育的多平台覆盖，以达到"裂变"的效果。

③站在传统媒体和新兴媒体融合的角度而言，要构建立体的新媒体矩阵。传统媒体与新兴媒体的融合是一项系统工程，最重要的是实现二者的一体化发展。在高校思想政治教育工作过程中，要充分发挥多种媒体优势，整合学校官方宣传媒体平台人员，发挥不同层面媒体的力量；同时，要挖掘各类媒体的多种功能，覆盖多终端，实现信息内容、技术应用、平台终端、管理方式的融通共进，释放新媒体的效能，以此加强高校思想政治教育工作方法的媒体应用，增强方法的技术含量与融合发展。

第六章　队伍创新发展：新时期高校思想政治教育工作队伍优化

高校的思想政治教育工作是引导大学生树立正确的人生观、价值观的主要途径，也发挥着维护党在意识形态领域的指导地位的重要作用。要使高校的思想政治教育工作能够切实取得实效，必须与时俱进地优化高校思想政治工作队伍，使其能够适应新形势下的挑战与需要。本章分为新时期高校思想政治教育工作队伍概述、高校思想政治教育工作队伍建设优化策略、高校思想政治教育工作队伍建设优化保障机制三部分。

第一节　新时期高校思想政治教育工作队伍概述

一、高校思想政治教育工作队伍的功能

（一）学校党政干部和共青团干部队伍的主导功能

学校党政干部和共青团干部队伍承担着高校思想政治教育的组织和协调的相关工作，为高校思想政治教育工作的顺利开展和目标的实现起到了主导作用。学校党政干部和共青团干部做好责任分工，并提供必要的人力、财力以及物力支持，能够促进高校思想政治教育工作的顺利开展和进行。同时，学校党政干部和共青团干部为完成高校思想政治教育工作目标，会进行全局性的详细规划和部署，对高校思想政治教育资源进行调节和分配，使教育资源能够为高校思想政治教育服务。在他们的领导下，高校能够快速协调各个院系和学生支部开展思想政治教育的相关活动，从而确保了高校思想政治教育工作能够顺利开展。

（二）思想政治理论课和哲学社会科学课的教师队伍的主渠道功能

在高校思想政治教育工作的横向工作队伍体系中，思想政治理论课和哲学社

会科学课教师根据学科和课程的内容、特点，负责对学生进行思想理论教育、思想品德教育和人文素质教育，这也充分说明了相关教师在大学生德育教育中发挥的积极作用。高校思想政治理论课授课教师是马克思主义理论和党的方针路线政策的宣讲者，在教育教学当中，必须严格遵循马克思主义理论和党的方针路线政策，另外，高校思想政治理论课授课教师不仅要详细了解当前学生的思想政治发展动态，而且要对学生的思想政治进行有针对性的教育和引导。哲学社会科学课授课教师在对学生进行授课时主要是对学生进行人文素质教育，帮助学生通过学习思想政治课程内容，深入了解我国的党史、新中国史、改革开放史、社会主义发展史等内容，并通过解答学生的疑惑和问题，在授课过程中恰如其分地针对大学生开展有效的思想政治教育，帮助大学生逐渐形成坚定的共产主义信念和建设中国特色社会主义的信念。

（三）辅导员和班主任队伍的日常教育服务功能

辅导员和班主任虽然不是高校思想政治教育的主要工作人员，但也是大学生开展思想政治教育过程中不可或缺的骨干力量。辅导员按照高校党委组织的安排和部署有针对性地进行高校思想政治教育活动，班主任在学习和生活以及思想发展方面为大学生提供必要的支持和帮助。由此能够看出，辅导员和班主任在高校思想政治教育工作开展过程中发挥着基础和日常服务职能。辅导员主要针对大学生的日常学习和思想以及心理活动提供必要的辅导和帮助，比如开展定期的谈心活动、解决同学间的矛盾、帮助大学生树立积极和正确的人生观、为大学生在交友和择业以及心理健康等方面提供必要的帮助等。班主任作为高校各个班级的组织管理者，不仅要对学生的学业和生活进行指导和帮助，而且要组织学生开展集体活动，了解、关心学生的各种表现。

二、高校思想政治教育工作队伍建设的重要性

（一）能够促进校园安全稳定

虚拟网络世界里充斥着各种真假信息，容易让涉世未深的大学生迷失自我、找不到方向、掉入情绪的深渊，进而淡化自我人生价值观、世界观的存在意义，甚至造成人生理想的扭曲。这些因素不仅影响个人的健康成长，而且会对校园安全稳定造成困扰和威胁。

在此背景下，建立一支高素质、懂技术的思想政治教育工作队伍势在必行。这支工作队伍不断对网络信息进行甄别、筛选、过滤以及网络舆情监管，能够有

效阻止不良网络信息渗透到高校学生当中，保证学生队伍的纯洁、稳定。同时，思想政治教育工作队伍还要对时事热点进行有效性分析，积极引导学生树立正确的价值观念，进而为维护校园稳定做出更大贡献。

（二）能够助力学生成长成才

随着高校事业的蓬勃发展，大学生的数量也在不断增加。如何引领高校学生健康成才成长，成就更出彩的人生，成为一个非常重要的研究课题。部分高校学生缺乏较为坚实的理论基础，较为独立的人格与自律意识还未完全形成，人生观、世界观、价值观和行事方式也不够成熟。面对高校学生的成长，必须打造一支使命意识强烈、政治素养过硬、家国情怀深厚、理论功底扎实的高校思想政治教育工作队伍，自觉担负起"塑造灵魂、塑造生命、塑造新人"的重要使命。

（三）能够加强高校意识形态工作

高校作为宣传马克思主义意识形态的关键阵地，有必要从思想政治教育出发，主动应对新时期高校在意识形态领域的各种问题和挑战，弘扬马克思主义，探索意识形态建设的新方法，为党和国家培育新时代能够担负民族复兴使命的青年贡献力量。

高校思想政治课教师作为高校意识形态工作的重要成员，在传播主流意识形态、宣传党的最新思想、引领大学生的价值观中有不可替代的作用。高校加强思想政治教育工作队伍建设，培育一支政治觉悟高、理论功底强、能够与时俱进和时代同频共振的思想政治教育工作队伍，对于高校意识形态工作至关重要。在思想政治教育工作队伍建设的过程中，高校可以通过更新教学观念、突出教师理论研究水平、关注教学能力的提升的方式来更好地发挥思想政治课教师的育人功效，同时创新意识形态工作方法，改变传统话语模式，发挥价值观引领作用，切实增强意识形态传播能力。

（四）能够提升现有队伍的综合素质

高校实现思想政治教育工作的网络化和科学化，核心力量便是强有力的思想政治教育队伍，这股中坚力量应具备坚定的政治信念和丰富的专业知识，此外还需要熟练掌握互联网技术，并科学妥当运用。

如今，在我国部分高校中，思想政治教育工作队伍的综合素质并不能真正适应新时代教育改革的基本要求。例如，一些思想政治课教师不够重视网络化教学，甚至不能完全理解网络和思想政治课的融合关系，仅仅依靠传统的满堂灌式教学方式宣讲教材，使学生学习的积极性大大降低。除此之外，一些思想政治课教师学习激情较弱，不能深入理解当前传播更新速度极快的互联网知识，不能准确认识互联网法律道德规范，导致信息筛选甄别能力较弱，对网络舆情监控工作力不从心，难以对学生进行及时指导。针对此情况，高校应当培养更多重视互联网技术、懂互联网技术的思想政治教育工作者，提升工作队伍的综合素质水平，为培养适应时代发展的大学生人才提供综合素质高、网络能力强的现代化思想政治教育工作队伍。

（五）能够推动高校思想政治课教学改革

新时代中国特色社会主义事业的发展，有必要发挥高校思想政治课的育人主渠道作用，用马克思主义理论筑牢大学生成长成才的思想根基。在推进思想政治课教学改革实践的过程中，应着力解决好教学内容缺乏层次性、教学方法选择不恰当、思想政治课亲和力有待增强等具体问题。深化新时代思想政治课教学改革，有必要从增强思想政治课教师的责任感和使命感做起：用全新的教学理念武装思想政治课教师，增强思想政治课教师的职业自信，使其能够理直气壮地讲好思想政治课，在传播理论知识、先进思想的同时启迪学生智慧，塑造学生精神品格。

三、高校思想政治教育工作队伍存在的问题

（一）高校思想政治课教师职业自信不足

只有思想政治课教师对所传授的知识有充足自信，学生才能对这些知识产生信任。当下的实际情况是，部分高校更加注重专业课程建设以及学生实际操作动手能力的培养，仍然不够重视思想政治课。具体表现在对于思想政治课的教学专业性认识不足，以及对其学科意识认识不够，认为思想政治课教学只是传播国家和党的路线方针，非专业教师也可以从事该类教学。换言之，在部分高校，思想政治课教师没有被看作专业人员，部分人员长期处于边缘化地位。这一背景在很大程度上影响了思想政治课教师的职业自信度、归属感，导致思想政治课教师职业自信不足。加强思想政治教育工作队伍建设，必须改变思想政治课教师专业权威受挑战、专业地位被忽视的现实问题。

（二）高校思想政治课教师队伍发展不均衡

高校思想政治课教师队伍发展不均衡，首先体现在对思想政治课的重视程度上。目前，部分高校对思想政治教育工作队伍建设的意识淡薄，建设定位不清晰，

将众多的资源投入了专业建设中，思想政治课逐渐演变为其他科目的陪衬。单就图书资源看，在很多综合类大学里，思想政治教育类的图书甚少。而学校的不重视会导致教师和学生对课程不重视，使思想政治课的质量降低且队伍建设越发困难。在教师数量上，部分高校存在思想政治课教师数量不足的问题。一些高校导师不仅需要管理研究生，而且要负责很多本科生、专科生；还有一些高校未按标准比例配备思想政治课教师，且学生数量逐渐增多，教师配备上存在很大缺口。这将给思想政治课教师带来繁重的课业压力，阻碍教学质量与水平的提高，不利于高校思想政治教育工作队伍的建设。最后是教师队伍质量上的不均衡。普通院校与重点高校相比，思想政治课教师的整体教学水平相对弱些。处在经济发达地区的高校，教育资源多较为丰富，享有政策支持，能吸引大量人才，而相对落后的地区则师资力量不足。有多年教学经验的教师在教学内容和知识的储备方面较为丰富，年轻教师多具有一定的创新能力，但经验不足。

（三）高校思想政治课教师队伍的内部问题

当前，一些教师的价值观念受到了经济全球化进程加快和多元文化的冲击。有的教师将教学当作任务去完成，忽视了对学生的教育与引导，采取了"念课本"式的讲课方式，基本不了解学生的学习情况与思想状况。这种只教书不育人的教学方式，很难实现立德树人的目标。

对教学内容和方法而言，部分思想政治课的教学内容老套，形式陈旧。一些教师对时代热点和教育改革的反应较迟钝，不会自觉地对教学内容进行完善和更新，无法将枯燥的理论知识与现实生活相结合，不会采取新颖的教学方式，无法激发学生的学习兴趣。

在教师专业理论素养和教学能力方面，部分教师专业素养不足。当前，网络教学资源越来越丰富，但一些教师对网络没能进行充分利用，对网络与课堂结合运用的能力不足。同时，有的教师学科背景不强，缺乏对理论的正确认识，而专业理论素养的薄弱会很大程度上影响教师的权威，不利于课堂教学、学生管理以及思想政治教育工作队伍的建设。

（四）高校思想政治课教师队伍管理机制尚未完善

1.教师数量配比有待优化

当前，一些高校的思想政治课教师的师生比例未达标准。《新时代高等学校思想政治理论课教师队伍建设规定》第七条明确指出："高等学校应当配齐建强思政课专职教师队伍，建设专职为主、专兼结合、数量充足、素质优良的思政课教师队伍。高等学校应当根据全日制在校生总数，严格按照师生比不低于1∶350的比例核定专职思政课教师岗位。公办高等学校要在编制内配足，且不得挪作他用。"近年来，高校招生规模扩大，思想政治课教师数量不足的问题日益显现。

2. 教师专业背景有待扩大

思想政治课是一门综合性学科，是从不同角度讲授马克思主义基本原理、马克思主义中国化及思想道德修养与法律基础等内容的学科，需要综合运用哲学、法学、经济学、历史学等跨学科专业知识。因此，要完善思想政治教育工作队伍建设，需要多学科背景的人才加入思想政治教育工作当中来。当前我国高校思想政治课教师大多来自马克思主义理论、中共党史等马克思主义专业，对经济学、法学等专业人才的吸引力不强，教师的专业背景较为单一，缺少复合型人才，这在某种程度上导致了教学思维、模式的固定化，无法适应新时代多样化的学生教学工作。

（五）高校思想政治课教师考核评价体系有待完善

思想政治课教师的考核评价体系一直以来是困扰高校的难题，同时也是在教学与科研难以双管齐下的大背景下的通病。首先，在一些高校，教师职称的评价方式主要以科研为主，导致教育教学工作被边缘化，这种"重科研、轻教学"的现象不利于教师队伍的长远发展。其次，在一些高校，非升即走的考核制度本身也给教师带来了巨大压力，部分教师为了在规定时间内完成学校规定的任务，把大量时间用于科研上，导致教师上课积极性不高，用于教学的时间明显减少。最后，在一些高校，思想政治课教师的课堂考核评价体系不够完善，主要体现在考核内容和评价指标方面。在考核内容方面，过于关注职业技能；在评价指标方面，采用了单一的量化指标，忽视了教师的个性化。而教师作为被考核评价对象，在评价中呈现被动和弱势，未能做到充分表达，参与的积极性减弱。教师考核评价体系的完善要兼顾思想政治课教育发展的长远性，才能提高教师上课的积极性、科研创新的主动性、教学改革的创造性。

（六）高校思想政治教育机制缺乏生机活力

高校思想政治教育工作要贯穿于大学生的整个学习和生活过程中，这也是高校思想政治教育互动育人机制能够顺利开展的关键所在。目前，高校思想政治教育工作的开展效率有待提升，主要是因为思想政治教育工作队伍在互动育人方面缺乏足够的活力，互动育人机制较为僵化，互动育人机制在开展过程中存在一些限制和壁垒，具体体现在以下几个方面。

1. 队伍之间关系层级固化

党政干部和共青团干部以及辅导员队伍彼此之间各自拥有完善和独立的系统，因此彼此之间缺乏足够的交流和沟通。党政干部和共青团干部直接领导辅导员队伍，党政干部和共青团干部属于领导层，而辅导员队伍属于执行层。清晰和明确的上下层级关系，使三者之间在开展思想政治教育工作时存在明显的沟通障碍。例如，党政干部和共青团干部向辅导员派遣的任务需要及时处理和完成，而辅导员向党政干部和共青团干部申请的工作任务通常很难按时完成，党政干部和共青团干部与辅导员之间的信息沟通存在滞后和失真现象。

2. 教师队伍之间缺少教学方面的对话

高校思想政治课教师和哲学社会科学课教师共同承担学生思想政治教育理论传授的使命，这两类教师应该通过沟通和互动共同促进思想政治教育工作顺利开展和进行。但在实际工作中，思想政治课教师和哲学社会科学课教师在工作中沟通和合作力度较低，难以形成良好的互动效果。例如，思想政治课教师所讲述的内容属于马克思主义理论学科的内容，而哲学社会科学课教师所讲述的内容属于哲学社会学科内容，两个学科之间交集较少。思想政治课和哲学社会科学课虽然彼此之间有所联系，如哲学社会科学课包含思想政治课程素材，思想政治课为哲学社会科学课指明了方向。但两个学科的教师之间很少相互联系，更很少一起参加学术教研活动，这就严重影响了两个学科之间教师的互动和合作。

3. 思想政治课教师与辅导员之间相互疏离

思想政治课教师和辅导员分属于不同部门管理，存在沟通障碍。思想政治课属于马克思主义学院管理，同时归属于学校的教学系统管理，而辅导员的工作受到学生工作部门的直接管理。另外，思想政治课教师和辅导员的工作范围各有不同，彼此之间缺乏信息的有效沟通和衔接。思想政治课教师通常依照教学大纲开展教学工作，授课经验较为丰富。而辅导员需要依据实际工作开展针对学生的思想政治教育工作。相比之下，思想政治课教师擅长理论基础研究，对社会热点有较多的了解，而对学生的思想动态了解较少。辅导员详细了解学生的思想动态，但常常由于理论知识不足导致工作效果有限。因此，思想政治课教师和辅导员的工作范围不同，无形中造成了两支队伍的沟通障碍。

第二节　高校思想政治教育工作队伍建设优化策略

一、涵养教师高尚的道德人格素养

（一）坚定教师的政治信仰

教师只有自己信仰坚定，高度认同自己所讲的内容，做学习和实践马克思主义的典范，才能讲得有底气，才能讲深、讲透，才能有效引导学生真学、真懂、真信、真用。坚定教师的政治信仰，就要引导教师真信、真懂。

所谓真信，即坚定对马克思主义、共产主义的信仰，坚定对中国特色社会主义的信念，坚定对实现中华民族伟大复兴的信心。只有教师增强了信仰、信念、信心，才会有效激发和感染学生。

所谓真懂，即教师要沉下心来，用心学习，用心钻研，积极学习马克思主义理论经典著作，真正学透、学懂。教师只有自己做到真懂，才能讲深、讲透思想政治课的道理，才能引导学生真懂、真信、真用。

（二）厚植教师的家国情怀

深厚的家国情怀源自一个人对家国命运的深厚关切和发乎内心的真挚情感。这种家国情怀既蕴含"为天地立心，为生民立命，为往圣继绝学，为万世开太平"的价值取向，也体现为"镜里流年两鬓残，存心自许尚如丹"的使命担当。厚植教师的家国情怀，才能真正实现乡土文化教育、党史国情教育、中华优秀传统文化教育、"线下＋云上"红色革命教育的真正落地，才能激发出师生内心深处的情感认同。在具体行为上，教师心怀家国情怀，才能激扬斗志，用自身的感召力讲出有情怀的思想政治课。

（三）健全教师的道德人格

一名合格的思想政治课教师不仅要具备坚定的政治信仰、深厚的家国情怀，而且要具有高尚的道德人格。高校思想政治课教师正直的人格、严谨的治学态度、严以律己的行为风范会形成一种强大的人格魅力，于无形中达到启智润心的教学效果。健全教师的道德人格，就需要培养教师自我反思的精神，做到内外兼修、表里如一；培养教师严谨治学的态度，做到孜孜不倦、精通业务；培养教师严以律己的行为风范，做好思想和行为的表率。

二、搭建高校思想政治教育工作队伍协同育人平台

（一）搭建常态化双向交流平台

思想政治课教师与辅导员是高校思想政治教育工作的主体力量，无论哪一支队伍，都需要及时、全面地了解学生的思想动态和日常生活的实际情况，从而确保协同育人的实效性。

1.搭建初级阶段双向交流平台

搭建初级阶段双向交流平台，即搭建一个思想政治课教师与辅导员共同讨论和研究的工作平台，双方通过交流，充分了解学生实际的思想状况，了解学生面临的问题，共同探讨解决方案。此交流平台的搭建，可通过以下方式来实现。

第一，组织"协同育人"沙龙活动。相比于讲座和会议的严肃性，沙龙的气氛更加活跃、自由，思想政治课教师与辅导员在活动中可自由交流，相互学习工作经验，共同成长，有利于提高思想政治课教师与辅导员的凝聚力和创造力。

第二，搭建培训平台。学校根据自身情况，面向思想政治课教师与辅导员队伍定期组织培训会，鼓励他们积极参与。可以邀请校内校外专家对于协同育人工作做专题培训，对于思想政治课教师与辅导员在具体的协同育人工作中遇到的问题进行讨论。

第三，通过座谈会促进交流。学校可以组织思想政治课教师与辅导员队伍共同参与座谈会，主题要以学生为本，以增强思想政治课教师与辅导员协同育人能力为目标。会上，思想政治课教师分享课堂教学情况和学生课堂表现等，辅导员分享学生日常生活及思想状况等，相互共享信息，助力协同育人。

2.搭建中级阶段双向交流平台

搭建中级阶段双向交流平台，即辅导员队伍适当地参与到思想政治课教师的工作中去，思想政治课教师也适当地参与到辅导员队伍的工作中去。除课堂教学外，高校思想政治课教师可以积极主动地参与到学生的各类社会实践活动中去，担任活动的策划者、指导教师、裁判、评委等。高校思想政治课教师通过参与学生的校园文化活动、党团日活动、各类竞赛活动的方式，能够加深对学生课堂之外实际状况的了解，增进师生间的感情，有助于开设一门好的思想政治理论课。高校辅导员则可以积极参与思想政治课教师的工作。辅导员可以走进思想政治理论课堂，通过查课、旁听的方式，更加直观地了解学生的课堂纪律、课堂到勤、课堂活跃情况。这一方面有利于辅导员掌握学生的课堂情况，另一方面有利于提

高辅导员的理论知识水平，提升其开展工作的理论性和思想性。

3.搭建高级阶段双向交流平台

搭建高级阶段双向交流平台，即促进思想政治课教师与辅导员双向兼职。思想政治课教师与辅导员双向兼职是高校推进协同育人工作的举措之一。《中共中央宣传部教育部关于进一步加强和改进高等学校思想政治理论课的意见》中提到，高等学校专任思想政治理论课教师要通过兼任班主任、辅导员等工作，承担思想政治教育工作任务；专任思想政治工作干部和辅导员有条件的可承担一定的思想政治理论课教学任务。根据文件精神，思想政治课教师与辅导员可以双向兼职，从而实现深入交流。一方面，思想政治课教师可以兼任辅导员。思想政治课教师在兼任辅导员时，能加强与学生的联系，真正了解学生的生活状况和思想状况，有助于将学生真正关切的问题融入课堂教学中，提高思想政治课教学的针对性和吸引力，促进理论知识与实际情况的结合。在兼职过程中，思想政治课教师的实践经历会不断丰富，为其教学和科研充实内容。另一方面，辅导员可以兼任思想政治课教师。近年来，辅导员队伍的学历层次和理论素养有所提高，具备兼任思想政治课教师的条件。辅导员通过兼任思想政治课教师，有利于将日常思想政治教育资源渗透到思想政治理论课中来，实现"第一课堂"和"第二课堂"合力育人的成效。

（二）搭建全方位信息网络平台

高校思想政治教育工作的发展是一个动态过程，要"因事而化、因时而进、因势而新"，根据时代特征不断完善和创新。高校要搭建思想政治课教师与辅导员网络化协同育人平台，突破线下育人的时空限制，实现全方位网络育人。

首先，充分利用"两微"平台。当前，微信和微博成为大学生社交和获取信息的重要平台，这为提升高校思想政治课教师与辅导员协同育人实效性提供了契机。思想政治课教师与辅导员可将其作为协同育人的重要载体。另外，高校要充分利用微信、微博平台的便捷性和实时性的优势，建立微信群和微博群。通过网络工作群，将思想政治课教师与辅导员队伍联系起来，及时沟通在协同育人工作中遇到的问题，并及时解决问题，这可以为提升协同育人的实效性注入强大动力。当然，学生也可以反馈自己的困惑并发表见解。同时，思想政治课教师与辅导员要善于借助网络平台，关注学生的思想动态，及时回复学生的留言和评论，若发现个别情绪消极的学生则及时进行心理辅导和纠正，引导学生走出"阴霾"。思想政治课教师与辅导员通过公众号传播教育知识，了解学生思想动态，有助于打破师生间的话题距离，在春风化雨中对学生产生影响。

其次，充分挖掘"易班"（E-Class）平台的功能。当前，无处不网、无时不网成为大学生生活新常态，高校如何实现互联网背景下的思想政治教育工作成为不可回避的问题。"易班"是得到官方认可的高校教育教学、生活服务、文化娱乐的综合性互动社区，是针对高校思想政治教育网络化和教育教学创新模式的一个智慧结晶。高校思想政治课教师与辅导员可以借助"易班"平台进行协同育人工作。目前"易班"在高校中得到普遍应用，但"易班"的育人功能并没有充分发挥出来。如何让"易班"有效实现"化人"的"善治"成效，关键要善于发挥思想政治课教师的价值引领作用和辅导员队伍的实践智慧，促进理论和实践相结合。可见，思想政治课教师与辅导员协同配合是发挥其育人功能的关键一环。高校思想政治课教师与辅导员可以在"易班"上开展网上社团、网络课堂、专题研讨等活动，使学生的学习不再受时间和空间的限制，促使学生能力得以养成、素养得以提升；同时充分利用好"易思政"平台，里面包含丰富的思想政治教育资源，能够使思想政治课教师的讲授和学生的学习更加轻松自由。

最后，充分发挥讨论区和评论区的育人功能。无论是微博、微信、"易班"，还是其他平台，都应该发挥其讨论区和评论区的育人功能。例如，学生可以将自己在生活、学习中遇到的困惑发表在评论区和讨论区，由思想政治课教师负责回答偏理论的问题，由辅导员负责回答学生生活中的困惑，这样既能节省大量时间，又能使问题解答具有专业性和针对性。除评论区外，要发挥讨论区的育人功能。讨论区不仅要有学生与学生之间的讨论，而且要有学生与思想政治课教师、辅导员共同开展的讨论，这样一来，不同角色、不同专业背景的人就能擦出思维的火花。在互联网时代，高校思想政治课教师与辅导员协同推进网络思想政治教育工作是职责所在。高校应抓好网络交流平台的建设，为师生、生生相互深入交流提供多样化平台，促使思想政治课教师与辅导员在网络思想政治教育中实现协同，从而突破部门、时间、空间的局限。通过网络交流平台推进思想政治教育工作，不仅能够促进师生互动，而且能拉近师生间的距离，对提升思想政治课教师与辅导员协同育人实效性有所裨益。

三、夯实高校思想政治课教师队伍的专业内功

（一）以主动学习提升思想政治课教师的专业素养

思想政治课教师承担着为党育人、为国育才的重要任务，必须具备过硬的专业素养，自觉形成坚定的专业认同，具备精深的教学知识，培养扎实的科研能力。

1. 形成坚定的专业认同

专业认同一般指在自己所从事的专业工作中对扮演角色的认知，能够理解专业的价值和意义，认可和接受该专业，同时能够进行深层次的专业反思、理解和追问。对于思想政治课教师来说，一是要树立学科信念，坚定认同并彻底接受马克思主义理论，深刻理解其丰富内涵和现实意义，增强学科的认同感和归属感；二是要明确自己所扮演的专业角色，承担党和国家赋予思想政治课教师的铸魂育人的使命，成为坚定的马克思主义者，党的理论、政策、路线等的宣传者和践行者，以及学生思想和行为的引领者；三是要在教育实践中构建和发展自身的专业认同，如参与社会服务，参加马克思主义和中国特色社会主义理论的宣讲，从而进一步彰显专业的社会价值。

2. 具备精深的教学知识

作为从事高校育人工作的关键力量，系统全面的知识结构是思想政治课教师的立身之本，因此思想政治课教师要具备精深的教学知识。一是思想政治学科本体性知识，即马克思主义理论知识、中国特色社会主义理论知识、专业领域的基本知识等，只有具备扎实的专业基础，才能够有理有据、深入浅出地讲好思想政治课。二是条件性知识，即关于"如何教"的知识，根据学生的专业、特点和需求，运用贴切的方式方法，将马克思主义话语从理论性、政治性的话语形态转化为学生能感知和理解的知识；同时注重教学的多元化，根据授课内容适当进行学科交叉结合，融入如教育学、心理学、社会学等专业知识。三是实践性知识，思想政治课教师在积累了一定的教学经验后，对课堂的掌握度会越来越好，能够充分运用教学机制，结合教学内容和目标要求的需要随时变换方式，将有意义的思想政治课讲得更加有意思，同时将思想政治课小课堂拓展到社会大课堂，将理论与实践有机结合。

3. 培养扎实的科研能力

高校思想政治课教师的科研能力在一定程度上反映其综合素质，优秀的思想政治课教师往往能够兼顾教学和科研，实现教学和科研的相互促进，因此思想政

治课教师应该自觉、主动地开展科学研究。一是学会敏锐地捕捉教学现象、教学情境、教学疑难点，以问题意识发现值得研究的课题，提出有效的解决对策，并将相应的科研成果用于指导教学过程。例如，有的教师意识到，以文本阅读和理论讲授的方式开展思想政治课教学效果不佳，因此将地域资源、传统文化、革命文化融入思想政治课，提升教学的实效性，同时也对理论加以丰富。二是学习学科领域的前沿知识，拓宽科研视野和眼光，主动申报和参与高质量科研项目，在点滴中积累，提升科研能力，做到以教学促科研、以科研助教学。

（二）以专业培训提升思想政治课教师的业务水平

高校思想政治课教师作为立德树人根本课程的主导者，是影响教学质量和成效的重要因素。因此，推动高校思想政治课教师队伍建设必须重视培训工作，不断改革和完善培训方式，建立国家、地方和高校三级培训体系，对培训时间和地点、培训形式和培训内容进行优化，以提高思想政治教育工作队伍的内在专业功力和综合素质。

1. 打破培训的时间和空间限制

对思想政治课教师队伍的培训不应局限于固定时间、固定地点，要突破时空的限制，使思想政治课教师能够灵活选择学习时间和方式。

一是职前职后一体。对思想政治课教师的培训不应局限于进入岗位之后开展的一系列活动，在入职之前就应对教师做好岗前培训，提前将学校情况、学院要求、教学安排等告知教师，使其做好准备。入职之后，学校应定期或不定期地对教师进行培训，并形成常态化的制度。例如，有的高校将高校教师培训分为入职前期、初期、一年内、一年后四个阶段进行，并提供必要资源予以支持。

二是线上线下同步。除了常规的名师讲堂、专家讲座等面对面培训以外，高校要充分利用网络平台，推动信息技术与思想政治课教师培训相结合，避免教师因时间、地点冲突而影响培训效果。

三是校内校外兼顾。在系统的、持续的校内培训外，高校还要支持思想政治课教师走出校门，或到其他院校观摩、研修与学习，或参与社会实践、社会调研等活动。

四是国内国外畅通。高校有必要组织思想政治课教师参与国内交流活动，选派优秀教师走出国门进行访学，拓宽教师视野，推动国内外教师的双向交流。

2.运用多样的培训形式

随着时代的发展，思想政治课教师队伍的培训形式需要优化和丰富。一是开展岗前培训、专题轮训、教学观摩、集体备课等，搭建思想政治课教师的交流和学习平台，邀请专家、学者进行座谈、讲学、指导等，提升思想政治课教师的专业能力，并重点关注青年教师的成长发展。在培训之余，为新入职或转岗教师配备有经验的成熟教师，加强院系、教研室等共同体的建设，充分发挥传帮带作用，通过"一对一"或者"一对多"帮扶带动教师快速成长。二是鼓励教师参与骨干研修、社会调研、志愿服务、访学交流以及挂职锻炼等实践类培训，或以教师培训中心、研究基地为依托开展培训，或大力支持教师到机关单位、基层组织进行锻炼，从而有力推动思想政治课教师将理论培训与实践培训相结合，在实践中获得历练和提升。此外，大力支持思想政治课教师攻读硕士、博士学位，尽量满足教师提升学历、增进业务能力的需求。

四、建构完善的高校思想政治教育工作者培养体系

对于高校思想政治教育工作来说，要使高校思想政治教育工作者的素质真正得到提升，必须建立一套完善的培养体系，这是高校思想政治教育工作顺利开展的重要保证。

高校思想政治教育工作者素质的提升是为完成教育任务服务的，新时代面临的新情况决定了新任务，而有什么样的任务就要求培养什么样的素质。因此，高校应根据国家部署和自身情况，制订一套既立足当前实际又谋划长远的计划，建设一支信仰坚定、业务精湛、知识广博的思想政治教育工作队伍。

首先，高校要重视思想政治教育工作者培养体系的构建，采取鼓励政策和措施为思想政治教育工作者素质的培养提供保障。其次，高校要积极落实开展相关培训，为培训的开展创造有利的条件，比如从人员、资金、场地等方面提供支持。再次，高校可以通过提高思想政治教育工作者的薪酬水平来保持他们工作的积极性和主动性。最后，高校要规范思想政治教育工作者培训体系，使流程更加科学、培训更加有效。同时，高校要积极落实思想政治教育工作者培训的结果反馈，规范每个环节，确保培训达到理想的效果。

第三节 高校思想政治教育工作队伍建设优化保障机制

一、完善思想政治教育工作队伍建设与管理体制

（一）用人标准方面

高校在思想政治教育工作者引进方面，应以热爱教育事业、有坚定的政治立场与专业素养为基本标准；引进的人才应当是党员，具有相关背景知识的硕士研究生要求本硕一致，博士研究生可放宽其本科专业性质；坚决抵制政治素养不过关、理想道路不坚定的人员。高校人才引进，切忌唯学历化、唯职称化；要制定出一套完整、科学的选拔流程，对负责选拔的工作人员做好事前培训工作；要注意选拔渠道的扩宽，重视兼职教师的作用，以此建设一支人员充足、素质过硬、质量过关的队伍。

（二）培训工作方面

高校应把教师的培训工作放在促进队伍建设的战略位置，坚持培训工作的计划性、完善性、高效性。在培训内容方面，要做到内容的多元化，满足不同层次的教师。应加强对年轻一辈的教师的培训，帮助其确定职业定位与发展方向，增强教学技能，提升学术修养和个人道德。对于老教师，要加强多媒体设备运用、现代教具运用、教育改革前沿动态等内容的培训。高校在开展培训工作时，应结合自身的实际情况，不要为了培训而培训，以免给教师带来更多的压力，使教师对培训产生排斥。在培训形式上，高校可大胆创新，在学校间建立培训资源共享平台，使教师有更多机会学习和分享个人经验。

（三）考评激励机制方面

高校要避免考评方式单一化、形式化、激励措施不到位的局面。在考评主体上，应以教师考评、学生考评、专家考评等多种主体相结合。在考评指标上，应制定质性与量性相结合的考评指标，结合教师的课时量、教学能力、教学效果、教学创新、项目成果等因素综合起来加以考虑。在激励政策上，要做到切实性，从教师所需出发。在教师福利待遇上，要保障教师的正常待遇，合理设定晋升及成长机制，尽可能满足教师在住房、子女教育方面的需求。在激励政策上，对优秀教师可制定优秀教师奖金，提高思想政治课教师的研发补助金；改革思想政治

课教师的薪酬激励机制，健全绩效认定机制，依据工作量合理调整绩效系数，提升薪酬水平，落实岗位津贴机制。此外，各地各高校可以因地制宜设置思想政治课教师专项岗位津贴；对于青年教师，可以尽可能地创造教师文娱空间，在课余组织丰富的活动，缓解其工作压力。

二、健全高校思想政治教育工作队伍建设保障机制

（一）优化思想政治课教师的职称评聘制度

高校思想政治课教师的工作有别于其他专业教师。应优化思想政治课教师的职称评聘制度，改革其评价机制，降低其评价机制中的论文占比，克服唯论文论等弊端，提高评价中的教学和教学研究占比。思想政治课教师的主要工作是立德树人，需要引导思想政治课教师安心从事教学工作。

（二）完善思想政治课教师的荣誉表彰制度

由于思想政治专业的特殊性和高校思想政治课教师的局限性，思想政治课教师相较于其他专业教师所获得的荣誉表彰较少。因此，建议加大对高校思想政治课教师队伍的政策倾斜力度，提供更多的项目平台，完善相应奖项，表彰先进单位和个人。

参 考 文 献

［1］张金安，丁德科，赵伏友．新时期高校思想政治教育工作新探［M］.成都：
西南交通大学出版社，2012.

［2］高青，王瑞芳．高校思想政治教育工作科学化研究［M］.青岛：中国海洋
大学出版社，2013.

［3］孟莉．网络舆情：高校思想政治教育工作的新视域［M］.合肥：合肥工业
大学出版社，2016.

［4］查伟大．高校大学生思想政治教育工作实践案例分析与研究［M］.西安：
西安交通大学出版社，2016.

［5］杨宗兴．民办高校思想政治教育建设路径研究［M］.北京：光明日报出版社，
2017.

［6］张建．高校思想政治教育工作中实践育人机制构建研究［M］.沈阳：沈阳
出版社，2018.

［7］邢国忠．高校思想政治教育创新发展基本问题研究［M］.北京：知识产权
出版社，2019.

［8］侯宪春．地方文化在高校思想政治教育中的应用研究［M］.延吉：延边大
学出版社，2019.

［9］邹泉．高校思想政治工作中的心理教育机制的构建研究［M］.沈阳：辽宁
大学出版社，2019.

［10］马晓红，杨英华，崔志林．高校思想政治工作与素质教育研究［M］.长春：
吉林文史出版社，2020.

［11］周静．高校思想政治教育工作实效与方法研究［M］.长春：吉林出版集
团股份有限公司，2020.

［12］王利平．网络环境下高校思想政治教育方法研究［M］.武汉：武汉大学
出版社，2020.

［13］龚婷．高校思想政治教育与传统文化的融合研究［M］.北京：北京工业

大学出版社，2020.

［14］陈莉.新时代高校思想政治教育教学改革与实践研究［M］.西安：西北大学出版社，2020.

［15］田颂文.传统文化与高校思想政治教育融合发展的价值审视［M］.北京：北京工业大学出版社，2020.

［16］马赫临.高校思想政治教育工作存在的问题及策略分析［J］.决策探索，2021（09）：62-63.

［17］李群."互联网＋"环境下高校思想政治教育工作研究［J］.淮南职业技术学院学报，2021，21（04）：11-14.

［18］刘艳梅.自媒体时代高校思想政治教育工作存在的问题及对策［J］.科教导刊，2021（23）：82-84.

［19］龙燕萍，张挺.中华传统文化增强高校思想政治教育工作的实效性研究[J].中国多媒体与网络教学学报，2021（09）：208-210.

［20］王淳.立德树人视域下的高校思想政治教育工作融合发展模式研究［J］.黑龙江教师发展学院学报，2021，40（08）：94-96.

［21］白晓晓.大数据时代高校思想政治教育工作的机遇与挑战［J］.科教文汇，2021（07）：40-41.

［22］孙树勇.论高校思想政治教育工作与高校治理的关系［J］.黑龙江教育，2021（07）：12-13.

［23］宁先圣.高校思想政治教育工作融合发展的系统分析［J］.思想政治教育研究，2021，37（03）：114-119.